PARIS.—CANTENER, ÉDITEUR, RUE DE VERNEUIL, 1 (*bis*.)

VUES PITTORESQUES DES VOSGES,

DESSINÉES D'APRÈS NATURE

Par M. le Professeur **Collignon**;

PUBLIÉES

Par L. P. Cautener, Avocat,

AUTEUR D'UNE HISTOIRE NATURELLE DES LÉPIDOPTÈRES DE LA LORRAINE ET DE L'ALSACE, ET MEMBRE DE PLUSIEURS SOCIÉTÉS SAVANTES.

En livrant à l'appréciation du public un ouvrage ayant pour titre Vues pittoresques des Vosges, nous croyons aller au-devant de ses désirs, si, comme nous osons l'espérer, il nous réserve l'accueil qu'il fait journellement à l'Alsace pittoresque. Cet accueil nous est promis par toutes les personnes qui ont eu sous les yeux notre première livraison. Pour nous, ne voulant point établir de parallèle entre les deux ouvrages, nous ne demandons qu'à être jugés impartialement. Le succès d'une publication de ce genre dépendant presque toujours de la régularité avec laquelle elle paraît, de la limite dans laquelle elle est restreinte, et bien plus encore de l'habileté des artistes à qui en est confiée l'exécution, nous ne craignons pas de rester en deçà de nos promesses, en garantissant à nos Souscripteurs ces trois points importants.

L'ouvrage sera publié en Six livraisons grand in-4°, composées chacune d'une feuille de texte, de quatre dessins, et d'une couverture imprimée.

Le prix de chaque livraison est de 1 fr. 50 c., et de 2 fr. sur papier de Chine ; il en paraît une tous les 15 jours.

La première livraison est en vente (5 février 1837).

Le texte, qui n'est, à proprement parler, qu'un itinéraire, est confié, pour l'exécution typographique, aux presses de MM. Firmin Didot frères ; il est imprimé sur beau papier des Vosges.

La mise des dessins sur pierre est exécutée par M. Émile Blanchard, aussi bon paysagiste qu'habile peintre d'histoire naturelle ; le citer, c'est offrir une garantie aux Souscripteurs, surtout lorsqu'ils se rap-

(3)

pelleront qu'il a été chargé par le gouvernement d'une partie des dessins de la relation du Voyage de l'Astrolabe autour du monde.

L'impression lithographique est confiée aux soins de M. Becquet, l'un de nos plus habiles lithographes dans le genre dont nous nous occupons.

En un mot, rien n'a été négligé pour faire de cet ouvrage, un ouvrage de luxe; son prix peu élevé le mettra d'ailleurs à la portée de toutes les bourses; c'est avec confiance que nous faisons un appel à l'esprit Vosgien, nous faisant fort, en suivant cette voie, de mener à bonne fin notre entreprise.

DE L'IMPRIMERIE DE A. FIRMIN DIDOT,
RUE JACOB, N° 56.

VUES

PITTORESQUES

DES VOSGES,

DESSINÉES D'APRÈS NATURE

Par M. le Profeſſeur Colliguon;

Publiées

PAR L. P. CANTENER, AVOCAT,

AUTEUR D'UNE HISTOIRE NATURELLE DES LÉPIDOPTÈRES DE LA LORRAINE ET DE L'ALSACE, ET MEMBRE DE PLUSIEURS SOCIÉTÉS SAVANTES.

BIBLIOTHEQUE ROYALE

PARIS,

CHEZ CANTENER, ÉDITEUR,

REPRÉSENTÉ PAR LA MAISON BELLIZARD, DUFOUR ET COMP., RUE DE VERNEUIL, Nº 1 BIS.

M DCCC XXXVII.

TYPOGRAPHIE DE FIRMIN DIDOT FRÈRES ET Cie,

IMPRIMEURS DE L'INSTITUT DE FRANCE,

RUE JACOB, N° 56.

VUES

PITTORESQUES

DES VOSGES.

CHAPITRE PREMIER.

Coup d'œil général sur les Vosges, mœurs des habitants, industrie, commerce, antiquités, etc., etc.

Pour donner une idée de l'aspect topographique des montagnes des Vosges, nous ne pouvons mieux faire que d'extraire de la *France pittoresque* l'article Topographie, qui nous a semblé donner sur ce sujet tous les détails que l'on peut désirer.

« La chaîne des Vosges forme un système de monts distinct des « autres groupes principaux de la France, bien qu'il se lie avec le Jura « et les Cévennes. L'arête culminante de cette chaîne commence près « de Giromagny, s'élève rapidement à une grande hauteur jusqu'au « Ballon d'Alsace, de là s'étend avec peu de déviations vers le nord- « nord-est, court parallèlement au Rhin jusqu'au delà de la frontière, « et se termine de ce côté, comme à son autre extrémité, par une mon- « tagne remarquable, le mont Tonnerre.

« Le versant oriental des Vosges présente de nombreux contre-forts « et des vallées, qui toutes courent vers l'est et versent leurs eaux dans « le Rhin. La pente de ce versant est douce et légèrement onduleuse près

« du fleuve; elle se dresse d'autant plus rapidement qu'elle approche de
« l'arête centrale. Ce versant forme en France les deux départements du
« Haut-Rhin et du Bas-Rhin. Le versant occidental a des pentes moins
« rapides; les contre-forts qui le sillonnent affectent des directions plus
« capricieuses, mais qui généralement courent vers le nord-ouest.

« Le système des Vosges est le moins élevé de tous ceux qui divisent la
« France; à peine ses masses les plus vastes méritent-elles le nom de
« monts, si on les compare aux masses immenses de nos Pyrénées et
« surtout de nos Alpes. Les plus hauts sommets ne dépassent pas 1,450
« mètres.

« En général, les Vosges sont formées de chaînes mamelonnées d'une
« hauteur moyenne de 800 mètres, parsemées de sommités dont la forme
« est assez exactement désignée par le nom de Ballon qu'on leur donne.
« Elles sont couvertes de pâturages et de forêts, jusque sur leurs cimes,
« parfaitement bien cultivées sur leurs pentes inférieures, et ceignent de
« riches vallées peuplées de beaux villages, dignes de rivaliser en pro-
« preté et en agrément avec les villages suisses, auxquels ils sont supé-
« rieurs en industrie. Les Vosges sont couvertes de neige une partie de
« l'année; mais pour que les neiges y fussent perpétuelles, il leur faudrait
« une élévation double. Ces montagnes n'offrent aucune des scènes
« d'horreurs sublimes, de magnificence effrayante, propres aux Pyrénées
« et aux Alpes; mais elles abondent en spectacles intéressants, bien que
« d'un ordre inférieur; ce sont des paysages délicieux, des sites riants
« que souvent encadrent d'immenses masses de verdure ou de sombres
« forêts de sapins. Elles possèdent, sur une petite échelle, des lacs, des
« cascades, des grottes, des précipices et d'autres attributs du haut pit-
« toresque. »

Quoique ce passage puisse donner des Vosges en général une idée fort
exacte, nous ferons observer cependant que sur la plupart des points
culminants, tels que le Donon, le Ballon du Brézouard, celui de Sultz,
de Guebwiller et d'autres encore, bien qu'ils soient couverts de bruyères
et d'assez maigres pâturages jusque sur leur cime, on ne trouve plus de

forêts assez longtemps avant d'en atteindre le sommet. Les derniers
arbres, qui forment la ceinture verdoyante des Ballons, sont si chétifs
et si rabougris qu'il est facile de voir que là doit s'arrêter la zone des
forêts. Ce phénomène est dû sans doute au manque d'humidité à une si
grande hauteur; mais ce qui nous a semblé devoir principalement arrêter
la végétation des arbres sur ces sommets, c'est l'action incessante des
vents qui y règnent, et où leur violence ne rencontre plus d'obstacle.
Ce n'est que plus bas que les vapeurs condensées se réunissent en filets
d'eau qui descendent à travers les noirs sapins, pour venir arroser, en
se divisant par mille irrigations, les pentes verdoyantes des Vosges, et
vont enfin former des ruisseaux, tantôt limpides, tantôt écumeux, selon
que leur cours se promène en serpentant dans les prairies, ou se précipite en luttant contre les rochers roulés au fond de leur lit.

Nous extrairons encore de la *France pittoresque* les détails suivants
sur les mœurs des habitants, l'industrie et le commerce des Vosges :

« Le caractère des Vosgiens est en général bon et franc; ils sont géné-
« reux et hospitaliers; ils ont le goût du travail et de l'économie. Leurs
« mœurs sont sévères et pures, leurs habitudes privées simples et polies,
« leurs manières vivement empreintes de l'esprit de sociabilité, préve-
« nantes et affectueuses. Braves et déterminés à la guerre, ils portent
« dans le commerce de l'entente et de la probité. Doués d'une imagination
« vive et qui les rend propres à réussir dans la littérature et la poésie,
« ils se montrent néanmoins modérés dans leurs passions. Quoique très-
« attachés à leurs opinions religieuses, et pénétrés d'un profond respect
« pour tout ce qui tient au culte, ils mettent beaucoup de douceur et
« de tolérance dans leurs relations avec les chrétiens d'une autre com-
« munion, ou même avec les personnes qui professent une religion
« différente de la leur. On a fait cette observation, qui fait l'éloge de la
« modération et du caractère des Vosgiens; c'est qu'à toutes les époques,
« pendant les guerres civiles et les orages révolutionnaires, les habitants
« des Vosges ne se sont jamais fait remarquer que par des actes de
« dévouement, de courage et de vertu.

« Les habitants des montagnes, dont la nourriture est frugale, et que
« les travaux pénibles de l'agriculture n'affaiblissent pas, sont d'une
« constitution forte et d'un tempérament robuste. Du lait, quelques lé-
« gumes, des pommes de terre, rarement de la viande, forment leur
« nourriture habituelle; le vin qu'ils boivent venant d'assez loin, est
« presque toujours de bonne qualité.

« Vivant dans des habitations isolées, ils aiment les jours de fête,
« de marché, de foire, qui leur offrent l'occasion de se réunir. Les
« femmes de la montagne apprêtent les lins, les chanvres, tissent les
« toiles et les blanchissent. Les hommes, que les travaux de la campagne
« laissent sans occupation une grande partie de l'année, partagent les
« travaux des femmes. La fidélité règne dans les ménages : une fille
« qui s'est laissé séduire reste déshonorée, et son séducteur couvert de
« mépris, si celui-ci ne répare pas sa faute.

« Les prairies font la principale richesse des montagnes; elles nour-
« rissent un grand nombre de bestiaux, dont le lait est employé à faire
« du beurre et du fromage; la science des irrigations y est portée à un
« haut point de perfection. On trouve dans la montagne une grande
« quantité de scieries. Outre un million de planches qui sont livrées à
« l'exportation, on fabrique annuellement plus de 500,000 merrains, qui
« sont jetés à bûches perdues dans le Concy, et qui sont envoyés dans la
« Bourgogne et la Champagne. Les ouvrages d'acier fin et poli qui se
« font à Plombières, peuvent rivaliser avec ce que les fabriques anglaises
« produisent de plus parfait. Le kirchenwasser des Vosges et l'eau de
« noyau de Phalsbourg sont renommés; on estime en général la boissel-
« lerie et la saboterie du pays; on recherche la carrosserie d'Épinal. Enfin,
« les papeteries, les hauts-fourneaux, les forges, les fabriques d'acier
« naturel, de fer-blanc, de tôle, les tréfileries et les ateliers de coutel-
« lerie, occupent le premier rang parmi les établissements industriels
« des Vosges. »

CHAPITRE II.

En traçant l'itinéraire d'un voyage dans les Vosges, notre intention a été principalement d'éviter à ceux qui seraient tentés de l'entreprendre, les inconvénients qu'ont toujours à redouter les voyageurs novices, c'est-à-dire, les courses inutiles, ou n'offrant que peu de résultats, ou entreprises à une époque peu favorable. Nous avons dû avoir en vue de faciliter ces excursions pittoresques par tous les renseignements que nous avons pu recueillir, soit par nous-mêmes, soit par les habitants du pays. Nous convenons qu'une marche méthodique et suivie, qu'un plan bien détaillé et tout à fait régulier, serait peut-être ce qu'il y aurait de plus désirable pour obtenir le résultat de ce qu'on doit naturellement attendre de ce qu'on appelle un itinéraire ; mais il nous a semblé qu'un travail ainsi fait ressemblerait peut-être un peu trop à ces cartes routières ornées de chaque côté d'une colonne statistique ; en outre, nous avoue- rons, avec toute l'humilité dont nous sommes capables, que de toutes les qualités, bonnes ou mauvaises, qui nous distinguent, celle dont nous nous croyons le plus richement pourvus, c'est cette antipathie pour la méthode, cette espèce de répugnance pour l'ordre, au moyen de laquelle on peut toujours espérer avoir un faux air d'artiste. Aussi notre lecteur peut-il tout à fait se rassurer sur la crainte de trouver trop d'ordre dans notre travail ; nous tâcherons d'être clairs et précis ; pour amusants, nous pourrions plutôt répondre du contraire; nous parlerons d'après nos impressions; nous raconterons ce que nous avons entendu, et si l'on rencontre çà et là, et trop souvent peut-être, des anecdotes, des contes, des aventures nouvelles, anciennes, sottes ou non, tristes ou gaies, nous pardonnent Dieu et les hommes, de nous mettre à la hauteur du siècle, et de faire un ouvrage, comme chacun se croit obligé d'en faire par le temps et les livres qui courent aujourd'hui.

Weissembourg, petite ville assez bien fortifiée, vers l'extrémité septentrionale des Vosges, est le point d'où commencèrent nos excursions. Les environs en sont assez accidentés et couverts de vignobles. Un ruisseau, qui traverse la ville, fournit aux rues principales des filets d'eau qui les arrosent, y entretiennent une propreté continuelle et beaucoup de fraîcheur en été. On trouve à Weissembourg, comme à Colmar, à Strasbourg, à Saverne, et surtout dans les vieilles villes de l'Allemagne, de ces antiques maisons à toits pointus et dentelés, à pignons ouvragés, à fenêtres étroites, à portes ornées de sculptures si délicatement travaillées. On y voit une fort jolie église gothique, que dépare malheureusement une entrée qui nécessiterait quelques réparations.

Si vous éprouvez un instant d'ennui à Weissembourg, ce qui peut vous arriver là comme partout ailleurs, demandez à aller voir la tour dite de Bayard. On vous y conduira par un sentier étroit, qui serpente à travers des plantations de vignes. Après un quart d'heure de marche environ, vous apercevez une petite maison de campagne, et non loin de là, la tour de Bayard, antique débris d'un château du moyen âge; c'est une tour carrée, dont les faces sont coupées par ces longues et étroites meurtrières qu'on voit à toutes les fortifications de cette époque.

C'était un dimanche et pendant les vêpres que nous nous présentâmes devant la lourde porte grillée qui ferme l'enclos de vignes au sein duquel

Colignon. Pinxit.　　　Litho. Becquet à Paris.　　　Emile Blanchard. Del.

LE TRIFELS, PRISON DE RICHARD=COEUR DE LION.

A Paris chez Fantenerg. r.ᵉ Rue de Verneuil, 1 Bis.

s'élève la tour de Bayard. Personne! seulement, à quelque distance, une vieille femme qui vint nous montrer l'endroit où les propriétaires de la ferme cachaient la clef de la maison, lorsqu'ils s'absentaient; c'était déjà quelque chose des mœurs et des habitudes des montagnards. Ce fut la même vieille qui nous ouvrit la porte étroite et basse de la tour. Nous remarquâmes, qu'après l'avoir poussée devant nous, elle s'éloigna avec précipitation et en faisant un geste d'horreur. Quel bonheur! c'était peut-être déjà une bonne et longue histoire de revenants, une de ces longues traditions, élaborées de siècle en siècle au coin du feu d'hiver, par l'imagination et la peur des bonnes vieilles de l'endroit, pour le plus grand plaisir des oisifs et crédules lecteurs de grandes villes! Nous l'interrogeons; c'était une vilaine aventure arrivée d'hier, et dont nous pouvions connaître tous les détails dans le *Journal du Haut et Bas-Rhin;* ce n'était rien qu'un suicide; et qu'est-ce qu'un suicide à présent? une misère; on en voit à chaque pas; c'est tombé dans le domaine du commun et du trivial. Le malheureux propriétaire de la ferme s'était brûlé la cervelle il y avait peu de temps, et il avait choisi cette tour pour y consommer son sacrifice. Au reste, la tour de Bayard et quelques inscriptions qu'on trouve dans différentes parties du jardin de la ferme ne méritent guère la peine et le temps que l'on consacre à cette petite course. Il faut, nous le répétons, n'avoir absolument rien à faire qu'à se promener, pour aller là.

Mais pour vous dédommager, faites au Trifels et dans les environs l'excursion que ne manquent jamais les amateurs de sites pittoresques, et qui trouvent dans leur âme un éclair de sympathie pour les infortunes des héros de la chevalerie. En 1191, au siége de Ptolémaïs, Léopold, duc d'Autriche, ayant arboré son étendard sur une tour qu'il avait prise, Richard l'en fit arracher et jeter ignominieusement dans la boue : cet affront sanglant fut vengé. Au retour de la croisade, Richard, pour abréger son voyage, voulut traverser les États de Léopold, déguisé, dit-on, en pèlerin, ou, suivant d'autres, sous la robe d'un cordelier. Mais il fut reconnu, arrêté, chargé de fers, et livré par le duc à l'empereur d'Allemagne, Henri VI, qui l'enferma dans un château fort. C'est au Trifels, à cinq ou six heures de marche de Weissembourg, que la tradition place le lieu de la détention du monarque anglais. C'est là qu'il languit pendant plus de onze mois. Il ne dut sa liberté qu'aux instances de la reine Éléonore, sa mère, et surtout à la promesse d'une rançon de plus de 100,000 écus.

Quittez donc Weissembourg par un beau soleil du matin, et sortez par la porte de Landau; mais au poteau indicateur, laissez la route de Landau pour prendre le chemin de Schweigen, dernier village français de ce côté. A votre gauche s'étendent de beaux coteaux couverts de vignes, et à votre droite paraissent longtemps à l'horizon les montagnes bleues de la forêt Noire. Jetez encore un coup d'œil sur les fortifications et les plaines environnantes, et donnez un souvenir à la mémoire du brave général Hoche. C'est là qu'en 1793, après avoir débloqué Landau et battu les Autrichiens, il vint reprendre les fameuses lignes de Weissembourg.

A Bergzabern, allez voir l'hôtel de l'Ange d'or; c'était autrefois la maison d'un vieil officier de marine; il mit tous ses soins à la faire construire : c'était une élégante demeure il y a quelque cinquante ans : voyez ces façades ciselées, dont deux regardent la rue; ces murs dont les arêtes forment de si gracieuses volutes, et aux coins de la maison, ces espèces de belvédères, où l'art semble s'être épuisé à varier les ornements. N'oubliez pas, en passant, la grande porte d'entrée à droite, elle n'est pas indigne d'appeler un instant votre attention; si vous continuez à suivre la rue, et c'est votre chemin pour aller au Trifels, vous verrez à votre gauche une maison de quelque apparence; un grand corps de logis avec deux tourelles rondes et d'un style lourd, à l'extrémité; c'était la résidence d'été d'une princesse de Bavière, qui en a fait don à la ville de Bergzabern.

Mais quittons cette petite ville, qui du reste offre peu d'intérêt, et arrivons à Klingenmunster par une fort belle route bordée de grands noyers, au delà desquels le regard voit se succéder, sur la gauche, des montagnes arides, des collines boisées ou tapissées de vignes, des vallons qui s'enfoncent entre les montagnes et quelques prairies verdoyantes, tandis que sur la droite vous apercevez au loin, lorsque vous avez atteint les parties hautes de la route, un horizon bleu et le long amphithéâtre du Schwartzvald.

Klingenmunster était en 420 un amas de misérables chaumières que, quelques siècles plus tard, protégeait et pillait le sire de Lindeck ou de Landfredcinseck, dont vous pouvez voir l'antique manoir en ruine sur le mamelon, à gauche, en arrivant au village. Klingenmunster devint avec le temps un bourg assez considérable et le siége d'un grand bailliage. Le château de Lindeck fut détruit il y a plus de 400 ans. Le couvent qui s'élevait au pied de la montagne a éprouvé le même sort.

Nous nous garderons d'appeler votre attention sur les points de vue si variés qui s'offrent à chaque instant aux regards du voyageur, nous aurions trop à faire. Toutefois, lorsque vous aurez quitté le chemin pierreux et montant que vous suivrez quelque temps, après avoir laissé Klingenmunster derrière vous, et lorsque vous approcherez du premier village qui se présente sur votre route, gravissez la colline ombragée de châtaigniers qui s'élève à votre gauche. Les montagnes boisées du premier plan qui font suite à la colline sur laquelle vous vous trouvez, le village sur la droite, au delà, les plaines, plus loin encore, les montagnes couronnées de châteaux en ruine, qui se succèdent sur des plans différents, vous offriront un spectacle qui vous dédommagera amplement de votre peine. A environ une heure de marche de là, le chemin tourne brusquement à gauche et va s'enfoncer dans un vallon pittoresque, à l'entrée duquel apparaît entre des massifs de verdure et des cimes de grands arbres, le joli village d'Einsweiller; c'est le dernier qu'on rencontre avant d'arriver au but du voyage. Pour parvenir au Trifels, il ne vous reste plus que trois quarts d'heure environ, mais la route n'est plus aussi facile qu'auparavant. Le sentier qu'il faut prendre quelque temps après la sortie du village devient de plus en plus roide, et surtout il est embarrassé de pierres. Au sortir d'un bois de châtaigniers, dont vous

2.

admirerez la magnifique végétation, et au détour de la montagne, vos yeux sont frappés de l'aspect imposant d'une tour carrée qui, comme un géant, s'allonge sur un des pieds de la montagne, et qui semble en défendre les abords. Laissez cette tour à votre gauche, et en arrivant à un point plus élevé et d'où les regards embrassent un plus vaste horizon, vous avez alors le Trifels en face de vous. Sur la plate-forme d'un rocher qui domine les lieux environnants, vous apercevez les antiques débris de la forteresse : le chemin pour arriver au pied du rocher est facile et uni ; mais alors il se détourne vers la droite, et ce n'est que par une pente assez rapide et tournant la montagne qu'on parvient jusque sur le sommet où s'élève le Trifels (1). Ce nom lui vient des trois rochers séparés sur lesquels on a bâti jadis les corps de bâtiment et les fortifications dont l'ensemble faisait de ce château une prison si redoutable.

En arrivant près de la première tour, vous remarquerez sans doute, comme nous, la hardiesse de construction de cette arcade, qui sert de communication entre cette première tour et les fortifications de l'étage supérieur du rocher. Un escalier assez roide, une sorte d'échelle de pierre conduit sur la plate-forme. C'est là que s'élève la tour principale, une grande et lourde tour carrée assez bien conservée dans sa partie inférieure. La face qui regarde l'orient est percée d'une fenêtre surmontée d'une sorte de couronne ou d'ornements qui y ressemblent. Il faut encore monter quelques degrés pour arriver à la porte d'entrée. Voilà la salle où se tenaient sans doute les gens de service du prince; elle est obscure. Voici l'escalier qui conduisait à l'appartement supérieur; que les marches en sont étroites! Deux hommes ne s'y rencontraient pas sans se heurter; quelle faible et triste lumière y arrive par ces longues et étroites meurtrières. Nous voici dans la salle supérieure. C'est donc là que languit le héros! C'est une salle carrée; un long banc de pierre règne tout à l'entour; le plafond est formé par une voûte en ogive : les colonnes des quatre coins de la salle et le peu d'ornements qu'on y remarque sont assez

____

(1) Trei-fels, trois roches.

bien conservés, n'était les noms prosaïques et modernes dont les murailles sont couvertes!

La salle est éclairée par une seule fenêtre, celle dont nous avons parlé tout à l'heure. C'est de là que pendant onze mois le lion captif vit se lever le soleil sans qu'une voix amie répondît à la sienne, sans qu'un regard de pitié vînt consoler ses ennuis, ou faire luire dans son âme un rayon d'espérance! Quels tourments dut éprouver pendant cette longue agonie l'homme ardent, impétueux, qui, en entendant sonner le signal des combats, s'écriait : Un cheval, un cheval, mon royaume pour un cheval!... Que de fois sa pensée dut voler vers sa chère Angleterre, lorsque les vents d'hiver sifflaient brusquement à travers les créneaux des tourelles, ou brisaient sur la montagne les branches des arbres séculaires! Le voyez-vous, par une belle nuit d'été, contempler à la clarté de la lune ces vallons boisés, ces montagnes arides, et au delà cet horizon lointain que dévoraient ses regards? et cependant, là, à ses pieds, sur cette plate-forme, retentit le pas morne et mesuré de la sentinelle dont il voit briller l'armure. L'entendez-vous rugir de colère lorsque l'écho des vallons apporte à son oreille attentive les sons entrecoupés de la trompette? Le printemps est de retour; la lice est ouverte, et les nobles chevaliers courent se disputer le prix des joutes guerrières et les regards de la beauté, ou plus heureux encore au sein des combats, au milieu du carnage, ils vont se signaler par mille hauts faits glorieux, et lui il est là, captif et sans espoir! Mais un bruit inaccoutumé frappe son oreille..... il regarde. Quel est sur la plate-forme cet étranger qu'environnent les hommes d'armes et les soldats du Trifels? Il est aveugle, un jeune enfant guide ses pas incertains, une harpe est suspendue à ses épaules; c'est sans doute un de ces troubadours qui payent l'hospitalité des châteaux par des chants de gloire et d'amour. Il a saisi sa harpe, et sa voix harmonieuse et sonore résonne au loin! Il chante, et le noble roi Richard sent des larmes mouiller ses paupières en entendant ces accents connus! Il chante, et la voix du héros captif s'unit aux chants du pauvre aveugle! C'est Blondel, le fidèle serviteur de Richard, qui, sous ce costume et au milieu de ces contrées ennemies, venait braver la mort et la misère pour retrouver son maître !

Quelques semaines après, Richard était rendu à la liberté, comme nous l'avons dit plus haut, par les soins de sa mère Éléonore.

C'est ainsi qu'en contemplant ces ruines notre imagination se repaissait de ces pensées chevaleresques et de bien d'autres encore, mais le lecteur voudra bien croire que nous professons pour lui un respect trop profond pour ne pas les lui épargner.

A notre retour de cette excursion, on nous apprend à Weissembourg que nous étions fort mal instruits, que ce n'était point au Trifels, mais dans un château plus éloigné et du côté de Landau, que Richard avait été renfermé. Vous pouvez juger de notre désappointement! Après s'être donné la peine de faire cette course, en être pour ses frais d'imagination! C'était piquant, et nous en voudrions encore au savant qui avait dissipé nos illusions, si un autre savant de Strasbourg, je ne dirai pas plus instruit, mais du moins plus obligeant que le premier, ne nous avait assuré que la tradition à ce sujet est tellement incertaine et les historiens si peu d'accord entre eux, que nous avions toute liberté de penser là-dessus comme il nous conviendrait.

Au surplus, si vous tenez à *l'actualité*, et si vous préférez les réalités d'aujourd'hui aux illusions du moyen âge, allez au Trifels le jour de la Pentecôte, vous y trouverez réunis une foule de gens de toutes conditions. Ce jour de fête, la plate-forme du château est couverte de monde; les uns boivent et mangent, les autres dansent aux sons d'une musique champêtre; d'autres parcourent les flancs du Trifels et cueillent une certaine herbe bien précieuse ce jour-là; car en buvant le thé qu'on en fait, on est préservé de la fièvre tout le reste de l'année.

Le coup d'œil dont on jouit du sommet du Trifels n'est pas sans intérêt pour l'amant de la belle nature et pour l'artiste. Vers l'est, entre deux montagnes, vous apercevez les vastes plaines de l'Alsace et le bassin du Rhin; les trois autres côtés sont en partie bornés par de hautes collines boisées. Au sommet de quelques-unes de ces collines, s'élèvent d'é-

normes blocs de rocher à pic et qui semblent, au premier aspect, autant
de vieilles tours noirâtres à demi ruinées; enfin, vers l'ouest, on voit se
découper à l'horizon quelques anciennes fortifications d'un château qui
dut être considérable. C'est au village d'Anweiller, au bas de la montagne du Trifels, que d'ordinaire les visiteurs font leur halte et trouvent
des rafraîchissements.

Si vous voulez varier vos plaisirs et prendre pour votre retour une route
différente, suivez le premier chemin qui s'offrira à vous sur la gauche,
presque au moment où vous allez descendre dans cette belle châtaigneraie
dont nous vous avons parlé, à environ un demi-quart d'heure de marche
à partir de la base de la montagne du Trifels, et au point où d'abord ses
ruines ont frappé vos regards. Ce chemin est plus long, mais beaucoup
plus facile et plus agréable.

N'oubliez pas, en revenant, de visiter les ruines du Madenbourg; le
temps nous manque pour les explorer nous-mêmes, et à notre grand regret;
car d'après le dire des personnes qui les connaissent, elles offrent plus
d'intérêt que le Trifels sous le rapport artistique. On y remarque encore,
dit-on, des caveaux immenses et dans un bon état de conservation, des
fenêtres ogives, des escaliers, des salles entières et des sculptures dont le
temps semble avoir respecté le travail délicat. Ces ruines s'étendent dans
un espace considérable sur la crête allongée d'une montagne au pied de
laquelle vous suivez pendant quelque temps un chemin que bordent des
vignobles, de beaux arbres fruitiers et de riches vergers.

CHAPITRE III.

Le ruisseau qui traverse Weissembourg pour aller, à quelques lieues de là, se jeter dans le Rhin, après avoir donné son nom à Lauterbourg, est la Lauter. En remontant son cours et en s'enfonçant dans les montagnes, on suit une vallée charmante où abondent les points de vue pittoresques, et où l'on rencontre à chaque pas des ruines d'antiques châteaux parmi lesquels on cite celui de Dahn, comme le plus considérable et le mieux conservé. Nous avouons que, n'ayant pu prendre cette route, qui nous éloignait beaucoup de Niederbronn, nous ne pouvons parler que d'après les impressions des personnes du pays, et nous ajoutons que ce qu'on nous a dit nous a donné le plus vif regret de ne pouvoir visiter nous-mêmes cette vallée. La route de Weissembourg à Niederbronn, en passant par Roth, Lobsann, Lampertsloch et Worth, offre peu d'intérêt; aussi nous hâterons-nous de faire ce trajet de six lieues, pour lequel je vous recommande cependant de prendre un guide, surtout si vous ne savez pas l'allemand, car c'est la langue du pays. Si vous êtes curieux de voir extraire de la terre l'asphalte ou bitume minéral, faites-vous conduire aux mines de Lobsann; c'est un léger détour qu'il vous faudra faire, mais, si vous avez l'avantage de rencontrer à l'usine M. Dournay de Strasbourg auquel elle appartient, vous n'aurez sans doute, comme nous, qu'à vous louer de son accueil et de son extrême obligeance.

3

Environ un quart d'heure avant d'arriver à Lampertsloch, jetez un coup d'œil sur les vignes qui bordent le chemin que vous suivez. Au pied des ceps plantés parallèlement s'élèvent de forts piquets, d'environ deux pieds de haut, à l'extrémité supérieure desquels on a fixé des lattes horizontales qui forment un treillis. La vigne étend capricieusement ses longs bras sur ces treillis qu'elle tapisse de son feuillage, et des grappes parfumées se balancent, suspendues au-dessous de cet abri de verdure; j'ajouterai prosaïquement, lorsque l'année est bonne. Au surplus, cette manière de planter la vigne n'est pas particulière à ce seul pays; nous l'avons remarquée dans plusieurs autres contrées de l'Alsace: mais ce qui nous semble remarquable à Lampertsloch, c'est la qualité du vin qu'on y fait. Quoique les gens du pays professent, comme c'est l'usage de tout propriétaire, une estime un peu exagérée pour leur vin, nous avons pensé qu'il mériterait d'être plus connu. Mais hâtons-nous de traverser un pays insignifiant; jetons en passant un coup d'œil sur Worth, et arrivons à Niederbronn, après avoir traversé une forêt à quelques lieues d'un pays assez accidenté, mais dont la vue n'offre qu'un intérêt médiocre.

CHAPITRE IV.

Avez-vous une gastrite bien conditionnée? avez-vous un rhumatisme chronique, quelque bon vieux rhumatisme de la campagne de Moscou, quelques obstructions, ou toute autre maladie? allez à Niederbronn, buvez de l'eau minérale, buvez encore, buvez toujours, mais surtout croyez et vous êtes sauvé. Nous ne contesterons pas sérieusement les vertus des eaux de Niederbronn; les médecins et un grand nombre de malades qui en ont reconnu l'efficacité, s'accordent à les préconiser. Mais nous n'en pensons pas moins que c'est au pays, et principalement au village de Niederbronn, que ces eaux font surtout du bien.

Le village n'est pas très-beau; une petite place plantée d'arbres, qui s'étend devant la source d'eau minérale; une salle des réunions assez jolie, mais bien inférieure, pour la grandeur et l'élégance aux salles de conversation de Bade; un bazar au-dessous, et quelques maisons de maître, voilà toute la différence de Niederbronn aux autres villages de l'Alsace. Plus de huit cents baigneurs, malades ou amateurs, y viennent tous les ans passer quelques mois de la belle saison, et si les distractions de la campagne, la vue des beaux sites, les courses dans un pays riche en accidents pittoresques, contribuent, comme nous n'en doutons pas, à rendre la santé, Niederbronn est, sous ce rapport, dans une situa-

3.

tion qui laisse peu à désirer. Ce village n'est pas dans la partie la plus
élevée des Vosges, et les montagnes qui l'environnent n'ont pas l'aspect
imposant des hauts vallons; mais cependant, de leur sommet, le regard
embrasse dans un vaste horizon toute l'Alsace et une grande partie des
monts de la forêt Noire. Elles sont couvertes de forêts dans toute leur
hauteur, et offrent partout un frais asile aux promeneurs fatigués. A
leur pied, des vallées sinueuses déroulent leurs tapis de verdure, au sein
desquels l'œil aime à rencontrer des fermes ou des laiteries groupées
pittoresquement.

A trois lieues environ, au nord de Niederbronn, s'élève le château de
Lichtemberg; c'est un but de promenade pour les baigneurs, et la chose
est facile à concevoir, lorsqu'on parcourt l'agréable route qui y conduit,
et surtout à l'aspect du coup d'œil dont on jouit du haut des fortifications de Lichtemberg. Je suppose qu'au mois de juin, par un beau soleil
du matin, vous vous trouvez sur la place de Niederbronn. En face de
vous est la rotonde; c'est le point central où, de tous côtés, accourent les
malades. Deux ou trois femmes se tiennent près du bassin ouvert sous
la rotonde, et, malgré leur activité, ont peine à suffire à toutes les de-
mandes. Les malades boivent et se promènent vivement, c'est l'ordon-
nance; aussi la place offre-t-elle à cette heure l'aspect le plus animé. Mais
un groupe de jeunes femmes et de cavaliers élégants se forme et se dis-
pose à courir à Lichtemberg. La course est un peu longue pour des
dames et pour des malades; mais un sellier du voisinage amène des ânes,
douce et patiente monture, sur le dos desquels vous pouvez parcourir
sans danger ces pays montagneux. Suivons donc les baigneurs et pre-
nons cette belle route qui tourne en s'élevant derrière Niederbronn.

En arrivant sur la côte, n'oubliez pas de jeter un coup d'œil en arrière;
Niederbronn se présente de ce côté d'une manière pittoresque. A Zins-
weiler, vous passez sans vous arrêter, près des forges, car vous n'êtes
pas industriel, je suppose, et d'ailleurs le temps presse et les ânes ne
vont pas vite, il m'en souvient. Examinez, en passant à Offeltz, les maisons des paysans; plus d'un peintre y trouverait de jolis motifs de fa-

Vosges Pittoresques.
an. Pinxit.
Lith. de Becquet à Paris.
Emile Blanchard. Del.
CHATEAU DE LICHTENBERG PRÈS DE NIEDERBRONN
A Paris, chez Cantener, Edit. Rue de Verneuil, 1. Bis.

briques. Suivons, au pied des montagnes que nous avons à droite, notre chemin qui s'accidente, et descendons à Rostach, où nous quittons la route pour prendre à droite. Près d'un moulin que nous apercevons dans la vallée au bout du village, voyez-vous ce sentier difficile qui serpente entre les chênes clair-semés dans la montagne? suivons-le, et bientôt nous aurons atteint le but de notre course. Je suppose, toutefois, que nous ne nous serons pas arrêtés à consulter quelque Bohémienne que nous aurons rencontrée, car nous en verrons probablement dans la partie du bois qui avoisine Lichtemberg. Des tribus de cette misérable peuplade habitent, à quelques lieues, le vallon de Bœrenthal ; et, en vérité, ce ne serait pas une chose indifférente que d'étudier les mœurs d'une race qui, au milieu de la civilisation dont l'étreinte l'environne et la presse de tous côtés, a su conserver sa sauvage indépendance.

Si nous étions aussi prolixes que le portier-consigne de Lichtemberg, nous vous montrerions le fort dans tous ses détails ; nous vous dirions comme quoi les *Kaitserlitz* et les alliés l'ont vainement attaqué dans la guerre de l'invasion, comme quoi l'enceinte extérieure en était jadis *palissadée vivement,* comme quoi les soixante vétérans qui composent la garnison de Lichtemberg ont souvent le plaisir de voir le fort visité par *du féminin,* ce qui veut dire en français, par les baigneuses de Niederbronn ; nous raconterions surtout l'histoire lamentable de l'un des anciens maîtres du château, qui, après une guerre longue et acharnée contre son propre frère, l'ayant fait prisonnier, et, ayant appris que ce frère avait juré de le faire périr de faim dans le cas où il l'eût fait prisonnier lui-même, le condamna à périr de soif et l'enferma dans un sombre cachot que l'on fait voir encore. Le temps s'écoulait, et cependant le captif ne mourait pas ; le châtelain étonné le fit épier, et sut que son malheureux frère recueillait, avec la mie du pain noir et grossier qu'on lui jetait, l'eau qui suintait le long des parois de la roche au milieu de laquelle était creusé son cachot. A l'instant même, on revêtit les murs d'énormes madriers, et l'infortuné ne tarda pas à expirer au milieu des affreux tourments de la soif. On vous fera voir les madriers, la place où était scellée l'extrémité de la chaîne du prisonnier, beaucoup d'autres choses encore, si vous pouvez conserver votre sérieux, et ne pas scandaliser le portier par un air de doute ou d'incrédulité.

De la place même et de la principale rue de Niederbronn, vous pouvez apercevoir une ruine au milieu des forêts qui couronnent les montagnes vers l'ouest; c'est le Vassemberg, dont il ne reste plus que la partie inférieure d'une tour carrée, dans une des faces de laquelle on voit encore une large fenêtre dentelée.

A une bonne heure de marche vers le nord, serpente, entre deux collines boisées, le beau vallon du Jegerthal; c'est, à mon avis, un des riches points de vue des environs de Niderbronn, surtout si vous prenez pour premier plan les usines du Jegerthal, en vous plaçant de manière à avoir un peu à votre droite, au-dessous de vous, la maison de madame de Dietrich. Au fond de la vallée, une nappe d'eau sinueuse reflète, comme un large miroir, la verdure des bois environnants; plus loin, s'élèvent sur une montagne conique le nouveau Windstein, et, un peu à droite, les ruines gigantesques de l'ancien Windstein. Ce beau paysage est terminé par un large horizon de montagnes dont les tons bleuâtres font admirablement ressortir la verdure du vallon.

Tels sont les points les plus rapprochés de Niederbronn, où, par un beau jour, dans la saison des eaux, vous êtes à peu près certain de rencontrer des groupes animés de promeneurs; mais si vous voulez pousser à quelques lieues de là vos excursions, passez par le vallon de Bærenthal dont je vous ai parlé; considérez un instant cette population de Bohémiens ou d'Égyptiens, dont l'origine est encore pour nous un problème, malgré les dissertations de nos savants. Voyez ces huttes dans lesquelles ces philosophes pratiques passent leur misérable vie sans crainte, sans souci du lendemain, sans lois, sans religion, dit-on, et prenez garde à vos poches.

Vous serez peut-être étonné de voir, au milieu de cette sale misère, des têtes d'hommes et de femmes magnifiquement caractérisées, et de retrouver plus d'une fois le type de cet Hayraddin peint par Walter Scott

Vosges Pittoresques.
Collignon Pinxt.
Lith. Becquet, à Paris.
Emile Blanchard Del.
LE CHATEAU DE WINDSTEIN, PRÈS DE NIEDERBRONN.

Collignon. Pinxit.

Lith. Recquet, à Paris.

Emile Blanchard. del.

VERRERIE DE ST LOUIS, VUE PRISE DU JARDIN DE Mr SEILER.

A Paris, chez Cantener, Editeur, Rue de Verneuil, 1. Ris.

BITCHE, (Vue prise de Felsgarten.)

A Paris, chez Cantener, Edteur, Rue de Vernouil, 1 Bis.

dans son roman de Quentin Durward. Plus d'un peintre a trouvé dans ce vallon de belles têtes d'étude orientales, et, quant à moi, l'homme dont la beauté mâle et l'air imposant m'ont le plus frappé, était un de ces Égyptiens, musicien cosmopolite.

En suivant ce vallon de Bœrenthal vous arrivez à Guetzenbruck, et, quelques lieues plus loin, à Saint-Louis. Plus d'un gourmet, en savourant le vin d'Aï dans le cristal taillé à facettes étincelantes; plus d'une jolie femme, en respirant les essences de son flacon, ne soupçonne pas que ces ouvrages si délicats sont dus au travail des paysans lorrains qui peuplent le petit village de Saint-Louis, colonie laborieuse qu'occupe et qu'enrichit la verrerie dirigée par les soins et l'habileté de MM. Seiler et Laurain.

En remontant à Lemberg, et en suivant, par les bois, le chemin qui conduit à Bitche, l'aspect du paysage prend un caractère moins âpre et moins sauvage, jusqu'à ce que vous arriviez dans les plaines nues et sablonneuses, d'où vous apercevez le fort de Bitche.

Cette petite ville, de forme demi-circulaire, semble étreindre une partie de la base du mamelon sur lequel s'élève le fort qui la domine et la protége, et qui présente, mais en grand, quelques points de ressemblance avec le fort de Lichtemberg. Au-dessus des murailles et des fortifications, on voit s'élever les casernes, le logement du commandant, un arsenal, une chapelle et son clocher; mais la partie la plus curieuse du fort est, à mon avis, cette suite d'excavations taillées dans le roc vif, au-dessous des bâtiments qui couvrent la plate-forme, et qui, en cas de siége, peuvent servir de retraite à une nombreuse garnison.

En 1793, les Prussiens tentèrent de prendre Bitche par surprise, et déjà ils étaient parvenus à forcer deux des poternes, lorsque la garnison, réveillée en sursaut, les accueillit par une grêle de grenades et de projectiles de toute espèce : un grand nombre des assaillants périt dans cette attaque. On voit encore les traces de la vigoureuse défense des vétérans qui formaient alors la garnison du fort.

La route de Bitche à Niederbronn traverse d'abord un pays aride et sablonneux ; mais bientôt elle descend par une rampe tournante, entre deux chaînes de collines boisées, dont elle suit les nombreux détours ; vous retrouvez alors tous les accidents des pays de montagnes. A deux heures de marche environ, et sur la gauche, la tour de Valdeck frappera vos regards. C'est une vieille tour carrée, qui s'élève majestueusement au-dessus des arbres les plus élevés de la forêt. Un quart d'heure peut suffire pour arriver au pied de cette ruine, qui n'a rien de bien remarquable, et sur laquelle les gens du pays n'ont aucune tradition. Mais, arrivez aux ruines de Falckenstein, qui s'élèvent également sur la gauche de la route, à deux lieues plus loin, et interrogez vos guides ; le merveilleux de leur récit s'accorde bien avec l'importance que devait avoir le château, si l'on en juge par les ruines qui subsistent encore, et qui couvrent une grande étendue de terrain.

C'était une princesse qui l'habitait, la princesse la plus belle et la plus riche de la terre. Cette princesse, si belle et si favorisée de la fortune, dans un pèlerinage qu'elle fit en Palestine, devint éperdument éprise d'un païen, et l'épousa, malgré la différence des religions ; mais Dieu ne laissa point un si grand crime impuni. L'époux sarrazin périt ; sa femme disparut, et elle ne reverra la lumière que lorsque quelqu'un sera assez entreprenant pour affronter les terribles mystères du château de Falckenstein. Or, voici quelles sont les conditions qu'il vous faudra remplir, si vous vous sentez assez de courage pour tenter cette aventure : vous passerez trois nuits sur les ruines du vieux castel ; prenez garde à un rhume, car le vent y souffle avec violence. La première nuit, vous verrez apparaître une femme parfaitement belle, qu'il vous faudra embrasser ; c'est une condition qui n'est pas absolument aussi effrayante que celles des deux nuits suivantes, où un crapaud d'une dimension énorme, et un dragon vomissant des flammes, se présenteront également pour être embrassés. Ce n'est qu'alors que le château, rétabli tout à coup par enchantement, et rendu à sa première splendeur, deviendra la propriété du libérateur, et par suite de l'heureux époux de la princesse.

Si vous éprouvez de l'ennui en lisant ces contes à dormir debout, je le conçois mieux que tout autre, moi qui les écris; mais vous me pardonneriez de vous les répéter, si vous pouviez voir l'air pénétré et la profonde conviction des bonnes gens qui les racontent.

CHAPITRE V.

La Petite-Pierre. — Neuwiller. — Herrenstein. —
Chapelle de Saint-Jean.

Après avoir quitté Lichtemberg, si vous suivez les montagnes,
vous rencontrerez un autre château, dont la garnison est également
formée d'une compagnie de vétérans : c'est le château de la Petite-
Pierre. Cette forteresse est moins importante encore que Lichtemberg, mais sa situation est également très-pittoresque. En suivant la
même direction, vous arriverez à Neuwiller. C'était dans ce village,
situé au pied de montagnes assez escarpées, que s'était retiré le duc
de Feltre, le général Clarke. Vous y verrez son tombeau : une simple
et élégante colonne, avec un médaillon de marbre blanc, sur lequel
est scuplté la tête du général. N'oubliez pas les deux églises de
Neuwiller; l'une fort ancienne, et l'autre dont la fondation ne re-
monte pas au delà du siècle de Louis XV; vous remarquerez dans
cette dernière, à droite du chœur, une espèce d'ancien jubé, qu'on
y a placé, sans doute, à cause de son antiquité. Vous pourrez voir,
à une heure de marche environ de Neuwiller, les ruines du Herrenstein : elles s'élèvent sur une montagne, d'où, par un temps se-
rein, la vue embrasse un vaste horizon, et d'où nous avons pu
compter jusqu'à cinquante-deux villages.

Mais, hâtons-nous de prendre le chemin qui suit le pied des
montagnes, pour arriver à Saverne; car je ne vous arrêterai pas à
une ruine insignifiante qu'on laisse à gauche, au-dessus du joli village de Saint-Jean, dont vous admirerez, j'en suis sûr, la situation
pittoresque sur le flanc de la montagne.

CHAPITRE VI.

Saverne. — Le Hobarr. — Les deux Géroldseck. — Graffenstein. — Saint Witt.

Tous les voyageurs qui sont allés à Strasbourg par Phalsbourg ont pu admirer la magnifique route tournante qui descend le long du revers oriental des Vosges, au-dessus de Saverne. Je ne vous parlerai pas du coup d'œil admirable dont vous jouissez du haut de la côte. Cette vue ressemble à celle dont vous avez joui sur toutes les hauteurs que vous avez déjà visitées avec moi; mais, lorsque vous serez à peu près aux deux tiers de cette rampe tournante, arrêtez-vous : de cette plate-forme, que vous avez à votre droite, regardez à une cinquantaine de pieds au-dessous de vous : voyez-vous ces quatre traces grossières empreintes sur la roche? ce sont les marques des fers d'un cheval. Le prince Charles, dit la tradition, poursuivi par l'ennemi, se précipita jadis de l'élévation où vous êtes dans la vallée, tout armé et à cheval : il court encore.

Saverne était la résidence favorite du cardinal, prince de Rohan, évêque de Strasbourg, auquel l'affaire du collier et les intrigues de madame de Lamothe ont donné une triste célébrité. Son château, dont il reste peu de chose, ayant été détruit par un incendie, il en fit construire un autre; mais la révolution, qui éclata vers cette époque, n'a pas permis de le terminer, et l'on regrette, en en admirant la magnifique façade, que la révolution n'ait pas attendu

4.

quelques années encore ; mais, en voyant l'intérieur délabré de cet édifice, on regrette encore plus qu'il soit devenu la propriété de la ville de Saverne.

Les environs de cette ville offrent des points de vue intéressants et des promenades charmantes ; mais le moment le plus favorable pour visiter Saverne est la mi-septembre. Une foire considérable y attire alors un grand concours de monde des villes et des campagnes voisines ; et de Strasbourg même, on s'empresse de venir prendre part aux plaisirs de la fête. Saverne, à cette époque, présente, pendant une quinzaine de jours, l'aspect le plus animé. L'esplanade, qui s'étend devant la façade du nouveau château, est, pendant la matinée, couverte de vendeurs et d'acheteurs ; et lorsque le soir arrive, deux vastes bâtiments en planches ouvrent leurs longues salles aux danseurs. Dans l'un, vous verrez de jolies personnes (c'est chose commune en Alsace), et des danseuses élégantes qui viennent de quitter le salon pour ce bal champêtre : leur costume, vous le connaissez, vous l'avez vu à Paris, à Nancy et dans toutes les grandes villes de France ; mais dans le second de ces bâtiments, réservé aux gens de la campagne, venez admirer le costume alsacien, si riche et si pittoresque, et ici, je vous prie de croire que je ne parle que de celui des femmes.

Un petit bonnet orné de paillettes couvre leur tête, et des flèches ou des épingles d'or retiennent leur chevelure lorsqu'elle ne descend pas sur leurs épaules en deux longues tresses terminées par des nœuds de rubans. Une cravate de soie noire, avec un large nœud de même étoffe, fait ressortir la blancheur de leur cou, lorsqu'il est blanc ; ce qui se voit quelquefois, grâce à l'usage où sont les paysannes de se couvrir la tête d'immenses chapeaux de paille, lorsqu'elles se livrent à leurs travaux champêtres. Un corset, généralement assez ample, est lacé par devant sur une pièce de soie brodée de paillettes d'or ; des manches de chemise toujours fort blanches, une jupe courte, de serge ordinairement verte, bordée d'un ruban couleur de feu, et qui laisse paraître une jambe chaussée d'un bas de coton blanc, bien tiré, leur donnent un air propre et une sorte d'élégance dans la tournure.

Collignon, Pinxit.

Lith. de Becquet à Paris.

Emile Blanchard Del.

VUE DU HOBARR ET DES DEUX GEROLDSECK PRÈS DE SAVERNE.

A Paris, chez Cantener, E.^{eur} Rue de Verneuil, 1 Bis.

Les ruines les plus importantes à visiter aux environs de Saverne sont, sans contredit, celles du Hobarr, qui présente aux regards sa lourde masse sur le sommet d'une montagne peu élevée, à une demi-heure de marche de la ville. L'inscription latine tracée au-dessus de la principale porte annonce que ce château appartenait jadis à un évêque de Strasbourg. La grande quantité des constructions qui couvrent une partie du plateau donne une haute idée de l'importance que dut avoir le Hobarr pendant les guerres de la féodalité.

Du sommet du Hobarr, vous apercevez un peu au-dessus de vous un des points de la ligne télégraphique de Paris à Strasbourg; plus loin, le grand et le petit Géroldseck, deux ruines qui se suivent; et au delà, s'étend en amphithéâtre à perte de vue l'immense chaîne des Vosges; je vous recommande cette promenade et ce beau point de vue. En vous retournant, vous avez devant vous une profonde vallée boisée, au fond de laquelle coule comme un filet d'eau la petite rivière de la Zorn, qui baigne Saverne; au sommet de ces montagnes, un peu à droite, cette haute tour carrée, c'est le château de Graffenstein; en face de vous, cette petite maison blanche perchée au sommet d'un rocher, c'est la ferme de Saint-Witt. Une ferme? direz-vous, mais en voilà tant d'autres au fond de la vallée!!

Vous rappelez-vous qu'en l'an de grâce 1374, tout le pays Messin fut affligé d'une maladie épidémique de la nature la plus bizarre?

> L'an treize cent soixante et quatorze
> A Metz advint piteuse chose,
> Qu'en la cité, ville et champs,
> Gens danssoient du bien Sainct Jean.
>
> Le Prestre en faisant son office,
> Les Seigneurs séans en justice,
> Le laboureur en sa labeur,
> Sur qui que tomboit la douleur.
>
> Et danssoient neuf ou dix jours
> Sans avoir repos ny séjour,
> Ou plus ou moins à l'adventure
> Comme est le mal aux créatures.

A la tournure bizarre de ces vers, à la négligence de la rime et de la mesure, à l'obscurité des expressions surtout, vous croyez sans doute qu'ils sont l'œuvre de quelqu'un de nos poëtes modernes, mais vous êtes dans l'erreur; ces lignes mal rimées sont tirées de la vénérable chronique de Metz. C'est en ces termes qu'elle rend compte de la maladie épidémique qui désola non-seulement le pays Messin, mais encore les environs de Trèves et une partie de l'Alsace. C'était saint Witt ou saint Gui que les malades invoquaient dans leurs souffrances; aujourd'hui il ne guérit plus que la colique. Cette ferme que je vous faisais remarquer est bâtie sur une roche dans laquelle s'ouvre une grotte assez profonde, consacrée au glorieux saint Witt. Vous y trouverez encore au pied d'un autel une assez grande quantité de petites plaques carrées en fer, et dont les quatre coins sont recourbés; ce sont des ex-voto qui sont censés représenter des crapauds. Les paysans alsaciens offrent au saint ces singuliers gages de leur piété et de leur reconnaissance.

Après avoir visité toutes ces ruines, faites-vous conduire à la maison de campagne de M. Leclerc, de Saverne, et vous serez étonné du parti que son industrieuse habileté a su tirer d'un terrain inculte et de quelques rochers stériles.

Collignon Pinxit.

Lith. de Becquet, A Paris.

Emile Blanchard Del.

RUINES DU CHATEAU DE LUTZELBOURG. (Près de Phalsbourg.)

A Paris, chez Cantener, E.ur Rue de Verneuil, 1 Bis.

CHAPITRE VII.

Phalsbourg. — Lutzelbourg. — Dapsbourg ou Dabo. — Chatillon. Cirey. — Walchied. — Le Schneeberg. — Wangenbourg. — La Cascade de Niedeck.

Lorsque vous aurez lu la description d'un vieux château en ruine, vous ne trouverez rien de plus ennuyeux à lire qu'une seconde description, si ce n'est une troisième peut-être. Ce sont toujours d'antiques tours rondes ou carrées, à demi écroulées, au haut d'un rocher, des pans de murs percés de quelques ouvertures qui furent jadis des fenêtres ou des meurtrières ; çà et là des arbustes verdoyants et des plantes grimpantes dont les mille racines, en pénétrant dans les crevasses et les fissures de ces vieilles murailles, préparent sourdement leur ruine.

Les mêmes objets à décrire ramènent nécessairement les mêmes idées et les mêmes expressions ; nous nous bornerons donc, après avoir indiqué les ruines que nous avons visitées, à en faire connaître les parties les plus intéressantes ou qui présentent des différences remarquables. Il en sera de même pour les sites et les points de vue du reste du voyage.

Pour aller voir le château de Lutzelbourg, vous pourrez passer par Phalsbourg, petite ville forte près de Saverne ; ou, si vous préférez à la poussière de la grande route la fraîcheur des vallons, remontez la Zorn, et son cours vous conduira en face de la colline sur laquelle s'élèvent les deux tours carrées du vieux castel. Depuis notre dernier voyage, on nous parle d'une fontaine intermittente aux environs de Phalsbourg ; nous la citons, en regrettant de ne pas pouvoir indiquer d'une manière précise l'endroit où elle se trouve : prenez des informations et orientez-vous.

Vers le sud, à deux ou trois heures de marche, vous entrez dans le pays qui portait jadis le nom de comté de Dabo ou de Dapsbourg. C'est une contrée intéressante pour les archéologues; on y trouve fréquemment d'anciennes médailles et des débris de vases et de poterie antique; mais ce qui a surtout attiré notre attention, c'est la chapelle dite de Dabo.

Le village de Dabo s'étend en demi-cercle autour d'une petite montagne conique. Cette montagne, à son sommet, forme tout à coup un étranglement au-dessus duquel le rocher s'élargit et devient une table immense sur laquelle s'élève la chapelle de Dabo. Cet édifice, de construction récente, ne présente qu'un faible intérêt comme objet d'art; mais peu de monuments nous ont paru plus heureusement situés pour attirer les regards.

Près de Dabo, se trouve Walchied, village non loin duquel s'élevait jadis un temple de Mercure; j'y ai vu quelques fragments d'une statue de ce dieu. Plus loin, vous arrivez à Cirey, une de nos plus grandes manufactures de glaces; là, vous êtes près du château de Châtillon, remarquable par sa situation pittoresque et ses beaux environs.

Si vous n'êtes pas trop fatigué de toutes les courses que nous venons de faire, franchissons les sommets élevés du Schneeberg, montagne sur laquelle nous trouverons encore de la neige, lorsque déjà depuis longtemps on n'en voit plus sur d'autres points élevés de cette partie des Vosges. En prenant un peu vers l'est, nous arriverons à Wangenbourg; c'est une paroisse qui n'a pas moins de neuf lieues de tour : il est vrai de dire qu'entre chaque voisin il y a quelquefois plus d'une demi-heure de marche; nous rencontrerons assez souvent de ces paroisses dans les Vosges. Vous verrez à Wangenbourg les ruines d'un vieux château; là encore un noble baron fit périr son frère dans les horreurs d'un cachot. Les frères n'étaient pas toujours très-aimables les uns pour les autres dans ces beaux temps de la chevalerie.

La première chute d'eau un peu considérable que nous ayons rencontrée dans nos courses, est à quelques heures de marche de là : c'est la cascade de Niedeck, formée par le ruisseau de la Cassel au milieu d'une

Collignon. Pinxit.

Lith. Becquet, à Paris.

Emile Blanchard. Del.

CASCADE DU NIEDECK.

A Paris, chez Cantener, Ed.^{ur} Rue de Verneuil, 1 Bis.

contrée sauvage. Quoique le chemin de Wangenbourg à la chute d'eau soit facile et agréable, ne craignez cependant pas de multiplier les questions et de recueillir des renseignements ; vous pourrez vous rafraîchir chez le garde forestier, dont vous verrez la maison un bon quart d'heure avant d'arriver à la cascade.

Nous avions pris le chemin tout opposé à celui que je vous indique, et nous étions partis d'Ober-Hasselach en suivant les bords de la Hassel ; un enfant d'une quinzaine d'années était notre guide. Lorsque nous arrivâmes au pied de la chute d'eau, le jour tombait ; c'était par une belle soirée de septembre, et une lune brillante éclairait la scène majestueuse qui s'offrait à nos yeux. Ces énormes rochers dont les larges pans noircis formaient autour de nous un immense entonnoir sans issue apparente, cette chute d'eau qui par son bruit incessant et monotone nous invitait à rêver, ces grands arbres dont la cime doucement balancée par les vents couronnait ces rochers escarpés, tout captivait notre attention et nos regards. Notre jeune guide nous avertit que les heures s'écoulaient et nous précéda dans le sentier périlleux par lequel nous devions gravir le rocher.

Parvenus au sommet, il nous quitta et redescendit après nous avoir recommandé de ne pas perdre le sentier de la forêt, que dans quelques minutes nous arriverions chez le garde.

Deux heures après, et deux longues heures, je vous assure, nous marchions encore sans avoir rien découvert. La soirée était admirable, il est vrai, mais une faim dévorante ne nous permettait pas d'en goûter les douceurs. Enfin l'heureuse pensée nous vint de remonter le ruisseau, et nous atteignîmes l'objet de nos recherches. Si vous vous égarez jamais dans les montagnes, profitez de notre expérience ; n'oubliez pas que c'est presque toujours sur le bord des ruisseaux, souvent près de leur source, que vous rencontrerez des habitations isolées. Non loin de la cascade, vous verrez les ruines de l'ancien château de Niedeck, et sur le sentier qui mène au sommet du Schneeberg, un rocher tellement en équilibre sur l'un de ses angles, qu'il suffit d'un effort médiocre pour l'ébranler.

5

CHAPITRE VII.

Schirmeck. — Rothau et le Ban de la Roche. — Framont. — Le Donon.
— Le Vallon du Blanri.

Schirmeck est une assez jolie petite ville du département des Vosges, traversée par la rivière de la Brusche, qui donne son nom à un riant vallon où vous trouverez à chaque pas les points de vue les plus gracieux.

Voulez-vous venir voir le Ban de la Roche? Ce nom rappelle le souvenir d'un homme obscur, d'un ministre protestant qui vécut ignoré, mais dont les vertus apostoliques et la bienfaisance méritent de vivre dans la mémoire des hommes.

Il y a quatre-vingts ans, le pays qui porte le nom de Ban de la Roche, sans industrie, sans culture, présentait un aspect sauvage. Le peu d'habitants qui peuplaient cette contrée, ignorants, grossiers et superstitieux, subissaient tous les maux de leur misérable condition. Aujourd'hui tout est changé : les champs sont cultivés avec soin, des chemins tracés avec intelligence ouvrent partout des communications entre les communes, des cabanes sales et malsaines ont fait place à des demeures propres et riantes; les habitants se livrent avec succès aux travaux de l'agriculture et de l'industrie, et jouissent des bienfaits d'une éducation simple et modeste; il n'est pas un d'entre eux qui ne sache lire et écrire; leur langage s'est épuré, leurs manières sont devenues bienveillantes et polies, et ce miracle est l'ouvrage d'un seul homme, du bon pasteur Oberlin. Pendant une partie de sa longue carrière, cet homme admirable eut à lutter contre les habitudes et les préjugés des habitants du Ban de la Roche, contre l'indifférence de ceux dont il réclamait les secours; mais sa rare activité, sa persévérance et son zèle triomphèrent de tant on. Pinxit

Lith. de Becquet. a Paris.

Emile Blanchard del.

ROTHAU (Banc de la Roche)

A Paris, chez Cantener, F.res. Rue de Verneuil 1 Bis.

Collignon Pinxit.

Lith. de Becquet, à Paris.

Emile Blanchard, del.

FORGES DE FRAMONT.

A Paris, chez Cantener, Editeur, Rue de Verneuil, 1, Bis.

Collignon. Pinxit.

Lith. Becquet à Paris.

Émile Blanchard. Del.

LE SOMMET DU GRAND DONON.

A Paris chez Canfrener, Edit. Rue de Verneuil, 8a.

d'obstacles; il eut le bonheur de voir longtemps encore les heureux qu'il avait faits. Parcourez le Ban de la Roche, et partout vous entendrez bénir son nom et sa mémoire.

Les environs de Waldersback où vécut Oberlin, de Rothau, de Nassweiller et de Fouday, sont riches en accidents pittoresques. Dans la vallée de Framont, vers l'ouest, nous trouvons d'abord les forges et plus loin les mines de Framont. Suivons cette route, elle nous mène au Donon; c'est le point le plus élevé de cette partie des Vosges. Trois quarts d'heure avant d'atteindre le sommet, vous rencontrerez une ferme dans laquelle les curieux passent ordinairement la nuit, et d'où ils partent avant le point du jour, afin de contempler du haut de la montagne le lever du soleil et l'immense panorama qui se déroule à leurs regards dans toute sa magnificence. On voit au haut du Donon, outre une petite pyramide quadrangulaire qui servait de point de repère aux ingénieurs, les débris d'un ancien monument druidique, et au pied, les sources d'une rivière dont les bords, surtout depuis Sarrebruck jusqu'à Trèves, méritent d'être visités par le paysagiste; c'est la Sarre qui baigne plusieurs jolies petites villes auxquelles elle a donné son nom, les deux Sarrebourg, Sarrunion, Sarralbe, Sarreguemines, Sarrebruck et Sarrelouis. Enfants de la Sarre, pouvions-nous ne pas aller saluer sa source? Nous avons parcouru le verdoyant berceau de cette rivière, le vallon du Blanri, que resserrent et qu'assombrissent des coteaux presque à pic, et couverts de forêts de sapins. Des anabaptistes habitent la plupart des fermes que vous y rencontrez, et nous avons eu le plaisir d'être reconnus et accueillis comme d'anciens amis par l'un d'eux, chez lequel, cinq ans auparavant, nous avions trouvé l'hospitalité la plus cordiale. Isolés et tranquilles, ils vivent heureux; cependant, notre brave anabaptiste se plaignit amèrement de ce que l'un de ses amis, un voisin d'une demi-lieue, avait rempli le vallon de cancans sur son compte. Vous voyez que ces bonnes gens se civilisent, et qu'ils n'ont rien à envier, sous ce rapport, aux petites villes.

5.

CHAPITRE VIII.

Quand les Pharaons d'Égypte, au milieu de leur vaste puissance,
élevaient les pyramides, ces éternels témoignages de gloire et de néant,
ou creusaient le lac Mœris, ou bâtissaient ces palais et ces temples
immenses dont les débris imposants écrasent notre imagination, si
un homme inspiré leur eût dit qu'un de leurs successeurs, un Pharaon
de l'an de grâce 1837, serait obligé, pour armer ses guerriers, de faire
venir des cuirasses de ces contrées éternellement couvertes de frimas
qu'on appelait alors indifféremment les régions Hyperboréennes ou
Cimmériennes, à coup sûr le grand Pharaon aurait, dans sa bonté
infinie, donné l'ordre de mettre cet homme aux petites-maisons de
Thèbes aux cent portes ! et cependant, nous avons vu à Klingenthal,
dans un coin ignoré de ces pays hyperboréens, nous avons vu fabri-
quer, soumettre à l'épreuve, et encaisser, sans oublier le passavant,
huit cents cuirasses destinées aux soldats de Mehemed-Ali, gracieux
pacha d'Égypte.

Le village de Klingenthal est situé dans un beau vallon qu'arrose
l'Ehn ; il est connu par une manufacture considérable d'armes blanches que le gouvernement a depuis peu transportée à Chatellerault.

En descendant, avant d'entrer au village, vous avez remarqué les
tours qui couronnent la montagne en face de vous ; ce sont les ruines

A KLINGENTHAL,

Collignon Pinxit.

Lith. de Becquet, à Paris.

Emile Blanchard, Del.

CHÂTEAUX DE LUTZELBOURG ET DE RAMTZAMHAUSEN (Près de Klingenthal.)

À Paris, chez Canu ..., Rue de Verneuil, 4 Bis.

Vosges Pittoresques.

Collignon Pinxit.

Lith. de Becquet, à Paris.

Emile Blanckard. del.

EN ALLANT AU CHAMP DE FEU PRÈS DE KLINGENTHAL.

A Paris, chez Cantener, Editeur, Rue de Verneuil, 1 Bis.

Collignon. Pinxit.　Litho. Becquet, à Paris.　Emile Blanchard. Del.

ABBAYE DE STE ODILE.

A Paris, chez Cantener, Fleur Rue de Verneuil, 1, Bis.

de deux châteaux appelés anciennement Lucelbourg, et qu'on nomme
aujourd'hui les châteaux de Rathsamhausen et de Lutzelbourg. Ils sont
peu éloignés l'un de l'autre et assez bien conservés ; les environs sont
couverts d'une végétation magnifique.

Pour aller à Sainte-Marie aux Mines, vous pourrez prendre par la
montagne, et voir le Champ de feu, plateau formé par des prairies
considérables, à une immense hauteur ; pendant le trajet, vous aurez
l'occasion de remarquer, entre Klingenthal et le Champ de feu, et
au milieu des forêts, d'énormes entassements de quartiers de roches
éboulées, couverts de lichens grisâtres.

Cette route, un peu pénible à cause des montagnes qu'il faut fran-
chir deux fois, offre cependant à l'artiste de quoi le dédommager
de ses fatigues. Nous avons admiré les environs de Villé et de Hallée.
Le village de Breitenbach est agréablement situé au pied de hautes
montagnes ; toutefois, l'autre route nous paraît infiniment préférable.
Dirigeons-nous donc vers le sud, et visitons le couvent de Sainte-Odile,
qui s'élève sur une plate-forme bornée de trois côtés par d'immenses
précipices, le Mennelstein, énorme rocher coupé à pic, et d'une
forme bizarre ; et, tout près de là, les restes de l'antique muraille
qui couronnait la crête des Vosges dans une grande étendue, et dont
nos savants attribuent la construction aux anciens Celtes. L'épaisseur de cette muraille, constamment de plus de cinq pieds, n'est
presque jamais formée de plus de deux assises ; quelques parties de
ses ruines, qui ont encore aujourd'hui huit à neuf pieds de hauteur,
font naturellement supposer qu'elle était bien plus élevée. On remarque, dans quelques-unes des énormes pierres qui formaient le mur,
la place des queues d'aronde qui servaient à les lier entre elles.

Nous verrons sur notre route, en descendant vers Barr, le château
de Landsberg, dont les restes dominent fièrement les grands arbres
qui l'environnent, à moins que vous ne préfériez aller admirer, au
pied de la montagne, vers la gauche, les restes vénérables de l'ab-
baye de Truttenhausen. Outre les monuments que je viens de citer,

vous trouverez encore, dans les parties environnantes, les châteaux de Birkenfels, de Dreystein, de Kagenfels et de Hagelschloss, et plus loin, ceux de Crax, d'Andlau et de Spesbourg.

Barr est une petite ville située au pied des montagnes, et dominée par des coteaux couronnés de riches vignobles ; de là à Sainte-Marie aux Mines la route est facile et agréable. Pendant ce trajet, vous avez à votre gauche les fertiles plaines de l'Alsace, et, sur la chaîne de montagnes qui s'élèvent à droite, vous apercevez le château d'Andlau, et, plus loin, celui d'Ortenberg. En remontant ensuite la petite rivière de la Lièvre, vous arrivez à Sainte-Marie aux Mines. Cette ville, située au milieu des montagnes, qui l'environnent de trois côtés, est connue par ses filatures de coton et par les mines nombreuses que l'on trouve dans les environs. La Lièvre, qui la traverse, en faisait jadis comme deux villes, dont l'une était luthérienne et allemande par les mœurs et le langage, tandis que l'autre était toute française et catholique ; mais, depuis que ces deux parties appartiennent au même diocèse, cette différence devient chaque jour moins sensible, et finira sans doute par disparaître entièrement. Si vous franchissez les montagnes qui s'élèvent vers l'ouest, vous trouverez, à quelques lieues dans la plaine, la jolie petite ville de Saint-Dié, sur la Meurthe, et dans une situation charmante.

De Sainte-Marie aux Mines à Bonhomme la route est facile en passant par le vallon pittoresque, à l'entrée duquel vous verrez le petit· village d'Escheri. Bonhomme est de toutes parts environné de hautes montagnes stériles, sur le flanc de l'une desquelles on remarque encore les restes d'une tour du château de Judenbourg. Le climat de cette contrée est peu favorable à la végétation, et les arbres fruitiers qu'on y a transplantés n'ont pas tardé à dégénérer. L'hiver y règne de septembre jusqu'en mai ; les neiges s'y amassent quelquefois au fond des vallées, et interceptent souvent les communications entre les habitants. Il n'est pas sans exemple que des avalanches, roulant du sommet des montagnes, n'aient occasionné de

Collignon, Pinxit.

Lith. de Becquet à Paris.

Emile Blanchard. Del.

ENVIRONS DE Ste MARIE AUX MINES.

A Paris, chez Cantener, Edteur Rue de Verneuil. 1. Bis.

LE LAC BLANC.

A Paris, chez Cantener, E^{teur} Rue.de Verneuil, 1 Bis.

grands malheurs. Vous verrez encore, en allant au lac Blanc, une petite croix sur le bord du chemin; elle atteste un de ces désastreux souvenirs.

En revenant du Brézouard, visitez la laiterie d'Heyko; si vous y arrivez un dimanche de la belle saison, vous serez agréablement surpris d'y rencontrer une foule de promeneurs. C'est un rendez-vous de plaisir pour tous les environs, même pour les habitants de Sainte-Marie aux Mines. On y prend d'excellent laitage; aussi la *Marquérerie* d'Heyko est une laiterie-modèle : noire, sombre, enfumée, obstruée par tout l'appareil employé à la confection de ces grands fromages qu'on vous vend pour fromages suisses, elle ne laisse rien à désirer. Au milieu de tout cela, quatre ou cinq hommes aux habits sales, mais aux mains d'une propreté recherchée, vous présentent des rafraîchissements champêtres avec une bonhomie que vous apprécierez facilement à la modicité des prix qu'ils demandent.

Allons au lac Blanc; ce nom lui vient de la couleur du sable qu'on voit à travers ses eaux transparentes : on n'a encore pu, dit-on, en sonder la profondeur. Le guide que vous prendrez ne manquera pas de vous engager à tirer quelques coups de pistolet sur les bords du lac, afin d'admirer le triple écho des montagnes qui forment autour de ce lac une sombre et majestueuse enceinte, et qu'on prendrait au premier aspect pour le cratère d'un volcan éteint.

Non loin de là est le lac Noir, vers le sud-est; pour y arriver, vous aurez à traverser les *chaumes* du mont Reisberg. C'est un vaste plateau très-élevé et couvert de bruyères; d'épais brouillards y règnent souvent pendant l'arrière-saison. Il est alors dangereux de s'y engager, même avec un guide; le froid, la faim et la fatigue y ont fait périr plus d'un imprudent voyageur. Du sommet du Reisberg vous apercevez la vallée de Munster, l'une des plus renommées des Vosges pour ses sites gracieux et ses fromages.

CHAPITRE IX.

En sortant des grandes forêts de sapins qu'il vous faudra traverser pour arriver du sommet du mont Reisberg jusqu'au Valtin, vous serez agréablement surpris à la vue du beau vallon qu'arrose une des sources de la Meurthe. C'est aux savants antiquaires à vous expliquer pourquoi cette partie des Vosges, et en général le revers occidental de ces montagnes, nous présentent si peu de monuments du moyen âge, tandis que le versant, qui regarde l'Allemagne, est hérissé de ruines d'anciens châteaux forts. Si les antiquités y sont plus rares, en revanche on y rencontre à chaque pas des accidents pittoresques, cinq à six lacs assez considérables, et quatre cascades ou chutes d'eau dans un rayon de quelques lieues.

A gauche de la route de Gérardmer, le lac de Longemer s'étend entre deux hautes montagnes couvertes de sapins. Nous avons admiré la position d'une chapelle placée sur une petite éminence près des bords du lac, dans lequel abondent d'excellentes truites, que vous pourrez pêcher vous-même, en vous y faisant conduire par des gens de la ferme voisine, dans des barques grossièrement faites.

La Vologne traverse le lac de Longemer; en suivant le cours de cette rivière, vous trouverez, à une petite demi-heure de marche, au fond d'une espèce d'entonnoir formé par les montagnes, le lac de Retournemer; il est bien moins grand que celui de Longemer, mais

Vosges Pittoresques.

Collignon. Pinxit.

Lith. de Becquet, A Paris.

Emile. Blanchard. Del.

LE LAC DE GÉRARDMER . (Vue du Nord.)

A Paris chez Cantene-Frère Rue de Verneuil. 1. Bis.

Collignon, Pinxit.   Lith. Becquet, à Paris.   Emile Blanchard, Del.

SAUT DU BOUCHOT.

A Paris, chez Canteuer, E.^{teur} Rue de Verneuil, 1, Bis.

cependant il mérite d'être visité. Son nom lui vient, nous a-t-on dit, de ce qu'après avoir passé les rochers qui en forment les bords du côté par où l'on y arrive, le sentier change de direction, et le voyageur est forcé de se retourner pour considérer le lac et son aspect pittoresque. Une large et bruyante cascade sert d'écoulement à ses eaux, et la Vologne les porte un peu plus loin dans le lac de Longemer.

Après avoir fait une petite demi-lieue à partir de ce dernier lieu, en suivant le chemin de Gérardmer, prenez sur la droite. Au milieu d'un petit bois de sapins, vous entendrez mugir la Vologne, dont vous avez suivi le cours; elle forme en cet endroit une cascade qui n'est pas très-élevée, mais dont l'effet est admirable : les eaux, comprimées par les rochers, et tourmentées en tous sens, forment en cet endroit une large nappe, dont la blancheur éblouissante est encore rehaussée par le vert sombre des sapins qui l'environnent.

Sur les bords du lac de Gérardmer s'élève le grand et beau village de ce nom, qui forme un canton, avec les fermes et les maisons isolées que vous remarquerez sur les collines environnantes. La principale branche de son commerce consiste en fromages qu'on expédie dans toute la France.

La Roche des Ducs, ainsi nommée, nous a-t-on dit, parce qu'elle sert de retraite à des oiseaux de proie, n'a rien de bien remarquable; c'est un rocher qui s'élève à une assez grande hauteur au-dessus de la croupe des montagnes sur lesquelles il est assis. Il se trouve à droite de la route de Gérardmer à Vagney. Nous avons vu peu de vallons aussi beaux que celui qui suit cette route. Vous entendrez, avant d'arriver à Sapois, mugir à votre gauche la cascade du Bouchot, formée par les eaux de la Mozelatte. Le vallon s'élargit ensuite, et le paysage devient admirable. Vagney et Saint-Amé s'élèvent au sein de vastes prairies entourées de tous côtés de montagnes dont l'aspect et les formes variées présentent le plus magnifique coup d'œil. Le Saut de la Cuve est près de Saint-Amé. Le fils d'un peintre dont le

6

talent honore la Lorraine, M. Laurent, a eu l'heureuse idée de faire
construire, en face de la cascade, un chalet, dont l'effet ajoute au
charme de cette aimable solitude. A peu de distance de là, vous
trouverez encore la fameuse cascade du Tendon : vous êtes dans la
plus riche partie des Vosges.

La vue de Remiremont, sur la Moselle, rappelle les belles prairies et
les montagnes des environs de Vagney. L'église de cette jolie petite
ville est élégante et du meilleur goût; elle appartenait au couvent des
nobles chanoinesses de Remiremont. Du haut du Calvaire, le regard
embrasse un vaste horizon, richement accidenté. Vous verrez dans la
chapelle de l'hospice une jolie statue de la Foi, exécutée par un de
nos bons sculpteurs modernes ; c'est un gage touchant de la tendresse
et des regrets éternels d'un père.

Collignon. Pinxit.

Lith. de Becquet, à Paris.

Emile Blanchard. Del.

RÉMIREMONT (Vue prise de la route de Gérardmer.)

À Paris, chez Cantener, Éditeur Rue de Verneuil. 1 Bis.

ÉPINAL.

A Paris, chez Ostener E.nr Rue de Verneuil, 1 Bis.

CHAPITRE X.

Épinal. — Plombières. — Le Val d'Ajot. — Saint-Maurice. — Bussang. Saint-Amarin. — Thann. — Retour par l'Alsace.

Épinal est une ville irrégulièrement bâtie, et traversée par la Moselle; mais les environs en sont charmants. Nous avons parcouru avec plaisir les jardins pittoresques de M. Doublat, d'où l'on jouit d'un coup d'œil admirable. L'emplacement de ces jardins, et la manière dont les différentes parties en sont distribuées, font honneur au bon goût de celui qui les a créés. La bibliothèque et le musée d'Épinal attestent l'amour de ses habitants pour les sciences et les arts. Les carrières des Vosges fournissent depuis quelques années aux scieries de cette ville une grande quantité de marbres de différentes espèces, et dont quelques-unes nous ont paru d'une beauté remarquable. Courons à Plombières, et hâtons-nous d'arriver, lorsque la belle saison retient encore cette multitude de baigneurs qui viennent y chercher le plaisir et la santé.

Cette petite ville était déjà connue par ses eaux minérales, à l'époque de la domination romaine dans les Gaules. Ce fait semble attesté par le nom de Bain des Romains, que la tradition conserve encore à celui des bassins que l'on nomme aujourd'hui Bain des Pauvres, et nous avons vu, lors de notre dernier voyage, des débris d'architecture antique, exhumés depuis peu, qui confirment cette opinion.

Plombières est encaissé dans une vallée étroite et profonde, arrosée par les eaux rapides de l'Eaugronne. Vous y trouverez plus de

6.

ressources pour tous les plaisirs qu'à Niederbronn. Ses rues, bien pavées, sont bordées de beaux hôtels, peuplés, pendant l'été, de la meilleure compagnie, mais déserts pendant la mauvaise saison. Vous remarquerez, sans doute, l'effet pittoresque que présentent, au bout de la principale rue, les Bains Romains et le Bain Royal, au-dessus desquels l'œil admire çà et là des habitations qui s'élèvent en amphithéâtre sur les collines environnantes. A l'autre extrémité de la ville s'étend une longue et belle promenade, ombragée par de grands arbres. Vous lirez, sur les parois d'une fontaine circulaire que vous apercevrez au milieu de cette promenade, de mauvais vers latins dignement traduits en vers français. En général, les promenades, même les plus solitaires, ne sont pas à l'abri d'une sorte de fièvre d'inscriptions que l'on retrouve partout, et contre laquelle les eaux de Plombières, si renommées d'ailleurs, me semblent malheureusement sans efficacité. Plus loin, s'élève un joli Calvaire, d'où la vue embrasse une partie du vallon de Plombières. L'église et l'hôpital de cette ville méritent d'être vus. Les environs de Plombières sont remarquables par les beaux sites que vous rencontrerez à chaque pas, et parmi lesquels nous citerons le vallon où coule la fontaine de Stanislas, celle des Roches, le Saut des Saints-Pères. Non loin de là, vous trouverez la pierre dite pierre du Tonnerre. C'est un rocher de six à sept pieds de haut; les gens du pays prétendent qu'au moment d'un orage, ce rocher s'incline à chaque coup de tonnerre, et se relève, après avoir été toucher une énorme pierre au-dessus de laquelle il s'élève.

Val d'Ajot est un beau village que l'on rencontre quatre heures après avoir quitté la vallée des Roches. On vante la beauté des femmes de ce vallon, et, parmi celles que nous y avons vues, il en est peu qui aient démenti leur réputation.

De là jusqu'à Thillot, le pays offre l'aspect dont vous avez si souvent joui dans les autres parties des Vosges. A Saint-Maurice, le costume et particulièrement la coiffure des femmes, aux jours de

BAIN ROYAL A PLOMBIÈRES.

A Paris, chez Cantener, Edieur Rue de Verneuil. 1. Bis.

Collignon, Pinxit.   Litho. Becquet, à Paris.   Emile Blanchard, Del.

LA FONTAINE STANISLAS. (Près de Plombières.)

A Paris, chez Cantener, Et.eur Rue de Verneuil,1 Bis.

Collignon Pinxit.

Lith. de Becquet A Paris.

Emile Blanchard Del.

A THANN.

A Paris chez Pantener, Edteur, Rue de Verneuil, 1 Bis.

fêtes, est plus élégant que partout ailleurs. Du Thillot jusqu'à Saint-Maurice, la route est charmante; en la suivant, vous remonterez le cours de la Moselle, aux eaux limpides et transparentes. Saint-Maurice est un point de halte pour le peintre et le dessinateur ; de tous côtés il est environné de hautes montagnes, dont les formes présentent une grande variété. La construction des maisons du pays n'est pas la même que dans d'autres parties des Vosges.

Un peu plus haut que Bussang, dont les eaux minérales rivalisent avec l'eau de Seltz, dans la prairie qui s'étend à droite de la route, ce filet d'eau qui coule si humble, c'est la source de la Moselle. La route va toujours en s'élevant, et semble se resserrer entre deux masses de montagnes, dont l'aspect forme un magnifique contraste. A votre droite, la verdure variée d'une riche végétation charme vos regards, tandis qu'à la gauche s'élèvent jusqu'à pic des montagnes dont les flancs immenses sont couverts, depuis le sommet jusqu'à la base, de roches et de pierres éboulées, d'une couleur rougeâtre, qui semblent suspendues, et prêtes à se précipiter pour combler la vallée.

La route vous conduit, par une pente rapide, dans le beau vallon de Saint-Amarin, qu'arrose la Thur. Visitez en passant la magnifique fabrique de Wesserling. A Saint-Amarin, vous prendrez des guides pour aller sur le ballon de Guebweiler, l'un des plus élevés des Vosges : de son sommet, vous voyez un de ces magnifiques panoramas que nous avons eu si souvent l'occasion de contempler. A l'horizon, vers le sud-ouest, ces pointes éblouissantes, qu'on prendrait pour des nuages fortement éclairés par le soleil, ce sont les pics des montagnes suisses, éternellement couvertes de neige. Vers le nord, au pied du ballon de Guebweiler, un petit lac, au fond d'un entonnoir environné de forêts, sert de réservoir aux eaux qui s'écoulent de cette partie de la montagne. Un guide intelligent vous conduira de là jusqu'à Thann, dont vous admirerez la belle situation au pied du versant oriental des Vosges. L'église de Thann est un monument remarquable d'architecture gothique; la flèche qui la surmonte est élégante et légère, et rappelle, dans de plus petites proportions, celle de la cathédrale de Strasbourg. Sur un des nombreux mamelons qui dominent la ville, s'élèvent les débris d'un ancien château; une partie assez considérable de l'une de ses tours a été renversée sans se briser, et forme comme un vaste anneau debout au sommet de la montagne.

Le retour de cette excursion, par l'Alsace, en longeant le versant oriental des Vosges, n'est pas moins agréable, et présente des sujets bien plus variés, grâce à la multitude d'anciens monuments qu'on y rencontre. Nous n'essaierons pas d'en parler; le bel ouvrage de MM. Schweighauser et de Golbéry, et d'autres publications récentes faites avec talent, nous en dispensent. Notre but d'ailleurs, en traçant ce simple itinéraire, était de signaler les points les plus curieux de la partie la moins explorée de ces montagnes. Nous ne nous dissimulons pas combien cette faible esquisse est incomplète, et laisse encore à désirer, mais nous nous estimerons heureux si, du moins, elle fait naître chez quelques amis des arts le désir de visiter ces contrées intéressantes sous tant de rapports, et d'en revenir chargés des richesses pittoresques qu'elles offrent de toutes parts.

FIN.

www.ingramcontent.com/pod-product-compliance
Ingram Content Group UK Ltd.
Pitfield, Milton Keynes, MK11 3LW, UK
UKHW020941120726
13693UKWH00004B/1474

ÉTABLISSEMENT

THERMAL

DE LA

BOURBOULE,

PRÈS LE MONT-D'OR.

Clermont-Ferrand,

IMPRIMERIE DE THIBAUD-LANDRIOT,

Libraire, Imprimeur du Roi et de la Préfecture.

1828.

Te163
62

OBSERVATIONS

SUR

LES EAUX THERMALES ET MINÉRALES

DE LA

LA BOURBOULE,

COMMUNE DE MURAT-LE-QUAIRE, DÉPARTEMENT DU PUY-DE-DOME.

DEPUIS peu propriétaire de cet établissement, il m'appartient aujourd'hui d'en faire connaître l'utilité par les nombreux bienfaits qu'en a tant de fois ressentis la société, à la vérité la moins aisée.

Les cures n'en sont pas moins authentiques dans le pays, et n'en ont pas moins frappé d'étonnement ceux qui en attestent la vérité.

Les principes nombreux qui constituent ces eaux, et qui sont aujourd'hui connus, n'en laissent qu'augurer les plus heureux avantages pour toutes les classes atteintes d'infirmités.

On a des documens irréfragables pour assurer l'ancienne célébrité de ces eaux,

1

qui, au rapport des anciens savans, historiens statistiques de l'Auvergne, MM. Le
Grand d'Aussi, Delarbre, Dulaure et Lacoste,
ne le cèdent en rien à l'ancienne réputation
de celles du Mont-d'Or, surtout par une
plus haute température.

Quant à leurs nombreux principes minéralisateurs, je me fixerai textuellement sur
la savante analyse qu'en a faite M. Lecoq.

Les observations médicinales, aussi sincères
que bien soignées, de M. Mercier, ne me
serviront pas moins de boussole, que la fran-
chise des propres expressions de M. Bertrand,
dans son Ouvrage sur les propriétés physiques du Mont-d'Or, 2ᵉ édition.

Ces deux derniers, célèbres médecins,
connus autant par leurs talens distingués,
qui leur ont acquis le titre de savans, que par
la haute estime méritée dont ils jouissent au-
près de MM. leurs confrères, seront pour moi
trop d'avantages, pour que je ne me croie
pas suffisamment étayé de leurs suffrages,
pour arriver au but que je me propose.

Cherchant à me rendre utile à toutes les
classes d'hommes atteints de maladies chroniques, que parfois la médecine semble abandonner comme incurables, j'ai dû introduire
de nouveaux perfectionnemens dans la dis-

tribution comme dans la commodité de cet établissement thermal.

Les sources de la Bourboule, douées de plus ou moins de principes constituans, ne peuvent être des panacées universelles ; mais leur réputation n'en est pas moins très-antique, malgré qu'elles n'aient eu des prôneurs.

S'il est constant que les eaux thermales minérales tiennent la première ligne dans les salutaires découvertes de la science médicale, celles de la Bourboule ne peuvent plus rester ignorées : leur utilité semble se ressentir tous les jours.

Si la physiologie de cette espèce d'eaux doit être attentivement approfondie, et fixer, avant tout, l'attention des médecins qui désireront en retirer de salutaires effets, il sera très-facile à ces sages observateurs, qui peuvent aujourd'hui, grâce aux soins de M. Lecoq, connaître les utiles et nombreux principes minéralisateurs de celles de la Bourboule, de même que leurs cures médicinales, rapportées à la suite, sans prévention, par M. Mercier, et déjà préjugées par M. Bertrand, de ne plus douter sur leur vertu curative, et surtout sur les espèces de maladies pour lesquelles elles peuvent et doivent être employées.

(4)

La médecine, qui recherche toujours avec zèle la partie géologique, comme pouvant lui donner des idées positives sur quelques principes des eaux thermales minérales, verra avec plaisir qu'il n'a rien été négligé dans la judicieuse analyse de M. Lecoq, à qui je témoigne toute ma reconnaissance.

Il n'est cependant pas nécessaire, pour convaincre la médecine, de l'astreindre à réfléchir sur une analyse ; elle aime encore à entendre dénommer les différentes maladies pour lesquelles les eaux thermales ont eu les plus grands succès, ou pour lesquelles elles sont propres.

Aussi serai-je exact à ne rapporter que les expressions et observations de ces deux célèbres médecins, dont les bienfaisantes sources de la Bourboule ont pu mériter l'attention.

Si le bel établissement thermal du Mont-d'Or, peu éloigné de la Bourboule, a su fixer le zèle bienveillant de nos derniers administrateurs, M. de Sers, préfet du Puy-de-Dôme, ne veut pas rester étranger aux nouveaux bienfaits que procurent journellement les eaux qui m'occupent. Il a bien voulu les aller visiter, accompagné de M. son frère, capitaine de génie. Après avoir applaudi à la bonne tenue et distribution de l'établissement, il a reconnu la nécessité d'améliorer la communication de la Bourboule au Mont-d'Or. Ce chemin, déjà tracé de Tauves et Latour à la Bourboule, joint la grande route du Mont-d'Or, s'embranche ensuite avec la petite route de Clermont-Ferrand et celle d'Issoire, par la Croix-Morand.

Revenant à l'établissement,

Les huit baignoires qui existent, dont parle M. Lecoq en son analyse, sont sans communication, revêtues chacune de robinets et soupapes et même de syphons, pour mieux conserver le calorique et leur partie savonneuse et onctueuse tant appréciées. La moins chaude, est au 35ᵉ degré Réaumur ; les autres, plus rapprochées de la source, vont aux 37, 38, 39 et 40ᵐᵉ degrés du même thermomètre.

Les douches contenues dans le tuyau de plomb de 4 à 5 pouces de diamètre, servies par une pompe, sont données à la plus haute température des bains. La salle permet de les élever ; mais aujourd'hui ces douches frappent si fort, qu'on est obligé de les modérer par de petites aigrettes, quels que soient la force et le tempérament du malade. Il paraîtrait qu'en douches ascendantes, ces eaux seraient utiles dans les traitemens de fleurs blanches, dans ceux du rectum et col de la matrice.

Toutes les sources connues ou à recueillir par des fouilles, vont être réunies dans un ou deux réservoirs.

Les habitans de la Bourboule sont attentifs aux soins que nécessitent les malades. Ils les ont prodigués, en 1827, à plus de 500, qui, en général, n'ont eu qu'à se louer du bon accueil des hôtes, parmi lesquels madame Grandpré peut être citée, même par son hôtel, qui offre des chambres commodes, de bonne tenue, et propres à loger 50 personnes qui trouveront une table d'hôte bien servie. Ces premiers avantages font espérer beaucoup d'un pareil établissement pour les classes aisées qui aiment la propreté, la commodité, et souvent une sorte d'élégance.

Les bains commencent sur la fin de mai jusqu'en mi-octobre.

Ces contrées offrent aux naturalistes d'abondans produits minéralogiques assez précieux, et surtout des plantes aussi rares que dans les Alpes.

Il est peu de promenades aussi belles et aussi variées qu'à la Bourboule : leur description sera toujours inférieure à ce qu'elles ont de beau et d'attrayant.

A la description topographique de M. Lecoq, dans son analyse, on peut ajouter quelques sites qui ne sont pas à dédaigner, surtout la plaine Bourlade, qui, entourée de hêtres et de sapins, forme un fond d'amphithéâtre remarquable, et permet à la vue de s'étendre à plus de 10 myriamètres.

On pourrait citer d'autres promenades qui côtoient la Dordogne, et qu'ombragent des hêtres et charmilles, naturellement taillés en pyramides, et formant de superbes berceaux. Le tout est parfaitement réuni dans la plaine de Cheyronde. Il semble que l'art le plus exercé y a distribué son beau talent, ce qui ne laisse pas d'émouvoir le cœur.

La Roche-Grande granitique, dite des Fées ou de la Poêle, est très-remarquable par sa sommité horizontale, d'une surface d'entour 400 mètres carrés, et par ses différentes saillies, qui s'entrecoupent parallèlement.

M. le docteur Bertrand a trop bien décrit la cascade la Vernière et la Roche-Vendeix, qui font partie de la Bourboule, pour ne pas se borner à ce qu'en rapporte M. Lecoq en son analyse.

La peinture et l'existence de belles promenades ne ferait pas tout pour de grands malades : il faut des eaux salutaires à leurs maux. Je vais dès lors satisfaire ce besoin, en donnant la parfaite connaissance que j'ai acquise de celles de la Bourboule, soit d'après l'analyse de M. Lecoq, ou les réflexions et observations de MM. Bertrand et Mercier, docteurs.

Il paraît certain que les principes constituans des eaux du Mont-d'Or et de la Bourboule, vu les analyses respectives connues, ne sont point identiques; que ceux de ce dernier lieu auraient beaucoup plus de rapport avec les eaux analysées de Saint-Nectaire, mais avec l'avantage d'une température de 10 à 12 degrés de plus, une plus grande quantité de matière saline et surtout de végéto-animale.

Si on ne voulait qu'assurer un vrai éloge aux eaux de la Bourboule, il suffirait d'annoter ici une partie des réflexions de M. Bertrand, dont le rare mérite est assez connu.

Voir sa 2ᵉ édition, pag. 439, sur les propriétés physiques, etc., des eaux du Mont-d'Or.

« Il assure que les eaux thermales miné-
» rales de la Bourboule avaient réussi sur des
» paralysies qui avaient résisté à l'action des
» eaux du Mont-d'Or ; que ces sources dif-
» fèrent de ces dernières en ce que celles du
» Mont-d'Or traversent une coulée épaisse de
» matière volcanique dans laquelle il est pré-
» sumable qu'elles prennent leur origine,

» tandis que les autres sortent du granite, et
» que leur constitution chymique ne présente
» pas des différences moins tranchées que le
» sol qui les fournit. »

Cet habile médecin, qui a été le premier
à en parler avec autant d'impartialité, médi-
calement et géologiquement, même ouvrage,
pag. 493 et 496, a dû sans doute les analyser,
puisqu'il ne doute pas « que par leur haute
» température de 52 degrés, et les sels à base
» alcaline qu'elles contiennent en grande
» proportion, les conferves et oscillatoires
» qui s'y plaisent et s'y développent en très-
» grande quantité, et qu'on chercherait vai-
» nement dans les autres sources de nos mon-
» tagnes, leur assurent des propriétés aussi
» réelles que distinctives, et n'en fassent un
» remède puissamment efficace contre les
» rhumatismes, les engorgemens articulaires
» indolens, les abcès par congestion, les ul-
» cères scrophuleux, et, en général, contre
» les affections atoniques extérieures, dont
» la cause ne réside pas dans le cerveau ou
» ses dépendances. »

Cette opinion concorde avec les sages et
judicieuses observations, recueillies avec soin
par M. Mercier, ex-inspecteur démission-
sionnaire des eaux de la Bourboule, qui

s'occupant de l'eau de la Fontaine des Fièvres, ne diffère pas de l'analyse de M. Lecoq, et prétend que « le muriate de chaux, uni au » muriate de soude, sels reconnus par » M. Darcet, firent augurer à ce dernier que » les eaux de cette source avaient une pro- » priété purgative et éminemment fondante. » Ces conjectures ont été confirmées par l'ex- périence.

En effet, dit M. Mercier, « je m'étais » constamment assuré de l'utilité des eaux » de cette Fontaine des Fièvres dans les en- » gorgemens scrophuleux et dans ceux de » l'abdomen, qui étaient le reliquat des fiè- » vres intermittentes ; j'avais aussi vu leur » usage intérieur, lorsqu'il dépassait certaines » limites, être presque généralement suivi » d'effets purgatifs plus ou moins abondans.

» Je ne dois pas, continue-t-il, oublier les » bons effets qu'a produits leur usage exté- » rieur sous forme de douches ou de bains, » dans les ophtalmies chroniques, dans les » ulcères et engorgemens atoniques des mem- » bres, de nature scrophuleuse, surtout chez » les enfans.

En parlant du Grand-Bain, qui alimente l'établissement, et de la source du Bagnas- sou, il ajoute que « la température élevée de

» ces eaux n'en exclut pas l'usage de la bois-
» son, ce qui se confirme journellement ;

» Qu'il n'énumérera pas les nombreuses
» affections chroniques contre lesquelles les
» bains et douches sont employés ; qu'il les
» a vu réussir dans les vieux ulcères et dans
» toutes les maladies de peau ; que les per-
» sonnes chlorétiques et autres, atteintes de
» gastrites, d'entérites chroniques, y ont été
» soulagées ou guéries ;

» Que la propriété onctueuse de ces eaux
» les rend très-précieuses, soit qu'il s'agisse
» d'assouplir l'organe cutané, soit qu'il faille
» calmer le prurit et les irritations dont il
» est le siége. »

Il ne craint pas de les assimiler, d'après leurs
principes constituans et les cures qu'il en a recueillies, aux eaux de Plombières et aux bains
de mer. Le propriétaire pourrait ajouter que
les eaux salines onctueuses de la Bourboule, vu
les principes très-nombreux qui les constituent, promettent les mêmes bienfaits qu'à
Balaruc, Néris et Barèges : ces dernières,
quant à Barèges, classées comme sulfureuses.
Les analyses rapportées par MM. Alibert et
Patissier en diffèrent peu, et, si j'en juge bien,
semblent le faire espérer.

En attendant les observations plus nombreuses sur les eaux, que pourra faire M. Choussy, mon frère, ancien élève de l'École pratique de Paris, ex-médecin des épidémies dans les départemens du nord-ouest, aujourd'hui inspecteur des eaux de la Bourboule, je rapporterai textuellement, à la fin de ce petit opuscule, celles manuscrites qu'a bien voulu me remettre M. le docteur Mercier, sur le grand nombre qu'il en a recueillies, pendant son administration, avec autant de soin que de talent.

Immédiatement avant ces observations, sera transcrite l'analyse de M. Lecoq, professeur de minéralogie à Clermont-Ferrand, rédac- des Annales scientifiques, industrielles et statistiques de l'Auvergne, membre de plusieurs sociétés savantes.

J'aime à espérer que le successeur de M. Mercier n'oubliera rien pour marcher sur ses traces, et continuer de mériter l'estime et l'affection de ses malades, dont les fâcheuses positions lui seront toujours des devoirs à remplir avec plaisir.

CHOUSSY-DUBREUIL.

RECHERCHES

SUR LES EAUX MINÉRALES DE LA BOURBOULE;

PAR M. LECOQ.

La Bourboule est un hameau dépendant de la commune de Murat-le-Quaire, département du Puy-de-Dôme. On arrive dans cette commune, éloignée de Clermont-Ferrand d'environ douze lieues de poste, par la grande route qui conduit au Mont-Dore ; et après avoir passé successivement Rochefort et Laqueuille, on s'arrête à Murat qui n'est plus qu'à une lieue des Bains-du-Mont-Dore. Là on quitte la grande route, et l'on prend un chemin assez rapide, par où l'on descend à la Bourboule, éloignée de Murat d'un petit quart de lieue. Les sources et les maisons qui en sont voisines et constituent le hameau, se trouvent situées dans une belle vallée, traversée par la Dordogne, qui n'est encore qu'un large ruisseau, et qui coule dans la direction de l'est à l'ouest. Cette vallée est la même que celle où est situé le village des Bains-du-Mont-Dore ; mais, à la Bourboule, elle s'élargit beaucoup au sud, et procure ainsi à cette localité une température très-douce, qu'elle doit aussi aux montagnes qui l'abritent de toute part. La neige y fond beaucoup plus vîte que dans les environs; et, malgré son élévation, qui, aux bains mêmes, est de 848 mètres au-dessus du niveau de la mer, on peut, dès le mois d'avril, espérer des jours de printemps, qui, dans les villages voisins, arrivent rarement avant le milieu de mai. Partout, excepté au midi, la Bourboule est environnée de montagnes qui, plus haut, resserrent le cours de la Dordogne, et qui en sont assez éloignées pour laisser entre elles de belles prairies, qu'une foule de ruisseaux viennent arroser avant de réunir leurs eaux à celles de la rivière qui doit les conduire dans la Gironde. La forme des montagnes, et la belle végétation dont elles sont couvertes, l'abondance des ruisseaux et des cascades, feraient regarder la Bourboule comme un site des plus pittoresques, si l'on n'était habitué à en trouver de semblables sur tous les points de l'Auvergne. Il existe cependant quelques endroits que l'on voit encore avec plaisir quand on a visité tous les sites curieux de cette contrée. Dans ce nombre, on peut citer la cascade de la Vernière, énorme ravin creusé dans une des montagnes voisines, et ombragé de vieux sapins, au milieu desquels se précipite un ruisseau qui porte, comme les autres, ses eaux à la Dordogne ; la Roche-Vendeix, célèbre par l'asile qu'elle offrait autrefois à des brigands qui dévastaient l'Auvergne : escarpée de tous côtés, on ne pouvait en aborder le sommet, que par un escalier difficile, pratiqué dans le roc ; et actuellement encore on y retrouve les traces d'un ancien château, que le temps n'a pas plus épargné que les brigands auxquels il servait de retraite. A ces sites on peut ajouter le point de vue dont on jouit quand, après avoir monté une des montagnes couvertes de sapins, qui se trouve en face et un peu à gauche des bains, on arrive au sommet du *Ravin de l'eau salée*, dénomination assez impropre, puisque l'eau ne contient pas de sel. Un escarpement à pic, un sol déchiré par les pluies, des arbres abattus par la foudre ou par les ouragans, sont les objets qui s'offrent de toutes parts aux yeux de l'observateur qui peut les contempler du sommet d'une petite pelouse ombragée par des arbres ; l'eau qui découle des fissures du terrain, se rassemble bientôt dans le ravin, et active encore la végétation brillante qui contraste avec les déchirures du sol. De là on voit au-dessous de soi la Roche-Vendeix, la Bourboule et toutes les habitations voisines, et la vue n'est bornée que par un rideau de sapins qui souvent domine les brouillards qui se rassemblent dans cette vallée. Outre ces différens sites, il en est un encore très-voisin de la Bourboule, qui peut être considéré comme un panorama des Monts-Dores; c'est le puy Gros, dont le sommet atteint 1,488 mètres d'élévation, c'est-à-dire, quelques mètres de plus que le puy de Dôme. On découvre de là non-seulement tous les lieux que je viens de citer, mais encore les environs du village des Bains, et l'ensemble des montagnes dont le groupe a reçu le nom de Monts-Dores. On suit dans toute sa longueur la belle vallée de la Dordogne; on aperçoit les montagnes qui la bordent couvertes de forêts de sapins, vers la base desquelles viennent se mêler quelques hêtres; et l'on y jouit souvent du spectacle imposant que présentent les nuages quand, abaissés vers ces montagnes, ils semblent sortir des forêts pour errer sur les pelouses immenses des plateaux qui les avoisinent.

Au moyen des vallées, des déchirures et des exhaussemens que présente le sol, il est facile d'en reconnaître la constitution géologique. Comme dans une grande partie de l'Auvergne, des produits volcaniques de diverse nature reposent immédiatement sur le granite; celui-ci se montre au jour, au sud de la vallée et à la Bourboule même ; il constitue la montagne la plus voisine de l'établissement thermal. La roche qui le recouvre sur plusieurs points, est le trachyte, tantôt compacte, tantôt ponceux : on peut l'observer sur la montagne qui est en face des bains ; on l'exploite comme pierre de taille, et à fleur de terre, dans la forêt de sapins. La plupart des montagnes situées du même côté présentent la même structure. C'est à une époque très-rapprochée, et peut-être contemporaine de la formation trachytique, qu'eurent lieu les dépôts ponceux qui encombrent toutes les vallées à une très-grande élévation, et à travers lesquels la Dordogne et les ruisseaux qui s'y rendent ont creusé leur lit. La plupart des montagnes qui bordent la grande route du Mont-Dore, et qui, par conséquent, sont opposées à celles dont je viens de parler, sont couvertes de plateaux basaltiques, qui reposent tantôt sur le granite, comme à Murat-le-Quaire, tantôt sur les tufs ponceux, comme au sommet du ravin de l'Eau-Salée. Ces diverses formations sont recouvertes, dans la vallée seulement, par une couche de cailloux roulés, presque tous d'origine volcanique, et qui, sur certains points, servent eux-mêmes de lit à des couches de tourbe de plusieurs pieds d'épaisseur. C'est dans le fond de la vallée, au pied d'une montagne, et, comme nous l'avons dit plus haut, à 848 mètres d'élévation absolue, que sourdent les eaux minérales. Les unes, et ce sont les plus élevées, sortent immédiatement du granite ; les autres s'échappent des tufs ponceux qui lui sont adossés. Il paraît certain, du reste, que, par des fouilles bien dirigées dans ces tufs, on parviendrait à trouver leur issue du granite, et que l'on gagnerait probablement plusieurs degrés de température.

Les sources sont au nombre de six : la principale ou le *Grand-Bain*, est celle qui fournit toute l'eau à l'établissement thermal. Son produit est de 20 litres par minute. Un peu plus bas, et toujours dans le même sol, est le petit bain, désigné sous le nom de *Bagnassou*, qui est recueilli dans une fosse carrée, d'où l'eau s'échappe pour se perdre. La quantité d'eau peut être évaluée à 10 litres par minute. Ces deux sources, quoique de température différente, sont de même nature, et se distinguent de toutes les autres par leur composition chimique.

La troisième est celle que l'on désigne sous le nom de *Fontaine des Fièvres* : elle coule par un tuyau dans un bassin creusé dans le tuf, et elle est enfermée dans un petit bâtiment. Son produit est d'environ 10 litres par minute. La quatrième et la cinquième sources, dites de *la Rotonde*, à cause du petit bâtiment qui les abrite en partie, sont les plus élevées, et sortent immédiatement du granite. Ces deux filets d'eau sont peu abondans, et de température différente. Enfin, la sixième, que l'on désigne sous le nom de *Source du jardin*, est une des moins élevées. Elle donne environ 5 litres par minute, et se perd dès sa sortie.

Outre ces sources, on observe encore çà et là plusieurs filets qui se perdent aussi, et qui tous sont de même nature que l'eau des Fièvres.

On voit, par cet exposé, que le volume de l'eau serait assez considérable si des conduits la recevaient et l'amenaient dans un seul bassin : on pourrait espérer de réunir 50 litres par minute.

L'établissement thermal forme un petit bâtiment, dont la façade est au sud-est. La source du Grand-Bain sort dans un coin, et distribue séparément son eau dans huit baignoires. Dans celle qui est la plus voisine de la source, l'eau est tellement chaude qu'on ne peut la supporter. Au moyen d'une pompe et de conduits qui se trouvent placés sur les baignoires, cette eau est élevée, et sert pour les douches. On a trouvé, en creusant les fondemens de cet établissement, une ancienne fosse, dont l'origine date de l'ère romaine, et qui fait penser que ces eaux furent usitées autrefois en même temps que celles du Mont-Dore. D'anciens titres prouvent aussi que, dès 1460, il y avait un hospice établi à ces sources, et qu'il payait des droits au seigneur de Murat.

La température de ces différentes sources n'est pas toujours la même, excepté cependant celle du Grand-Bain et du Bagnassou. Les autres varient un peu selon les saisons, ce qui paraît dû au plus ou moins d'épaisseur des dépôts ponceux qu'elles traversent après leur sortie du granite. La plus chaude ou le Grand-Bain donne 52 degrés centigrades, et la plus froide, qui est une de celles qui sont enfermées dans la rotonde, en donne seulement 12.

N'ayant trouvé, par les essais préliminaires, aucune différence chimique entre l'eau du Bagnassou et celle du Grand-Bain, entre la Fontaine des Fièvres et l'eau des autres sources, j'ai pensé pouvoir prendre pour type de la composition des eaux de la Bourboule, celles du Grand-Bain et des Fièvres: ce sont les seules qui furent soumises à l'analyse : les résultats furent les suivans :

Eau du Grand-Bain.

Cette eau paraît limpide quand on la re-
cueille dans un vase ; mais elle a un aspect
louche dans les baignoires, ou quand elle se
trouve en grande masse ; elle a une légère
odeur fade, une saveur d'abord acide et ensuite salée ; elle est onctueuse au toucher ; sa
température est, comme nous l'avons vu,
de 52 degrés centigrades ; il s'en dégage une
assez grande quantité d'acide carbonique pur ;
elle laisse déposer sur les parois des baignoires
une assez forte proportion de carbonate de
fer, et se couvre à sa surface d'une pellicule
irisée, due à une matière grasse particulière,
qui lui communique son onctuosité. Sa pesanteur spécifique, comparée à celle de l'eau
distillée, est de 1,008.

Elle rougit la teinture de tournesol, et
verdit le sirop de violettes au bout de quelques heures. L'eau de chaux, le nitrate de
barite, et surtout le nitrate d'argent, y forment des précipités abondans ; l'oxalate d'ammoniaque la trouble au bout de quelque
temps ; le carbonate d'ammoniaque y produit
un trouble très-sensible ; il en est de même
quand on l'unit au phosphate neutre de soude ;
l'eau de savon et l'acétate neutre de plomb

produisent des précipités abondans ; la tein-ture de noix de gale produit, au bout de quelques heures, un léger dépôt noirâtre, quand on emploie ce réactif à la source. Le perchlorure de mercure ne la trouble pas ; l'hydrochlorate de platine la colore en rouge, sans y former de précipité.

Pendant l'évaporation, l'eau noircit forte-ment les vases d'argent dans lesquels on opère. Si l'on place dans la dissolution concentrée et filtrée, du mercure métallique ou une pièce d'argent, elle n'est nullement altérée ; mais si l'on y ajoute avec soin une quantité d'acide suffisante pour empêcher la liqueur de verdir le sirop de violette, les métaux prennent, au bout de quelques heures, la couleur noire qui caractérise leurs sulfures.

Je m'abstiendrai de rapporter ici les détails de l'analyse. J'ai opéré en général de la même manière que MM. Boulay et Henry père et fils, dans l'analyse qu'ils ont faite des eaux de Saint-Nectaire.

Je n'ai pas osé apprécier les quantités de matières animales qu'il est très-difficile d'ob-tenir libres de toutes combinaisons. La por-tion insoluble reste unie à la silice et à l'alu-mine, et lorsqu'on traite ces matières par la potasse à l'alcohol, elle est altérée, répand une odeur très-forte d'huile animale de Dippel, et colore la liqueur en brun.

J'ai pu seulement constater d'une manière certaine la présence du soufre dans ces eaux thermales, et comme elles n'agissent en aucune manière sur les réactifs les plus sensibles, tout porte à croire qu'il existe dans l'eau , à l'état d'hydrosulfate, malgré la présence d'autres sels qui devraient tendre à décomposer cette combinaison.

D'après les expériences faites sur 5,000 gr. d'eau du Grand-Bain, 1,000 grammes contiennent en poids :

Acide carbonique libre..............1,9092 ou o^l,96
Azote.........................0,0755 ou 0,06

Évaporés à siccité, les 1,000 grammes donnent un résidu sec de 5,9965
Qui contient :

Hydrochlorate de soude............. 3,9662
Carbonate de soude................. 1,3776
Sulfate de soude 0,2556
Carbonate de magnésie............. 0,1889
Carbonate de chaux................ 0,0112
Silice........................... 0,0667
Alumine. 0,0435
Carbonate de fer.
Matière organique soluble, unie à une
   petite portion de soude.
Matière animale insoluble.
Hydrosulfate de soude.
Perte. 0,0868
                                 ————
                                 5,9965

Mais, comme il y avait une petite quantité d'acide hydrochlorique en sus de celle qui était nécessaire pour saturer la soude, et qui a été comptée dans la perte, il est probable que la chaux et la magnésie existent dans l'eau à l'état d'hydrochlorates, tandis que la soude et l'oxide de fer y sont à l'état de bi-carbonates, ce qui donnerait la composition suivante :

Acide carbonique libre............... 1,4402
Azote 0,0756
Hydrochlorate de soude............... 3,8662
Bicarbonate de soude. 1,9493
Sulfate de soude..................... 0,2656
Hydrochlorate de magnésie. 0,1490
Hydrochlorate de chaux 0,0142
Silice 0,0667
Alumine............................ 0,0435
Bicarbonate de fer.
Matière grasse animale soluble, par sa combinaison avec de la soude.
Matière animale insoluble.
Hydrosulfate de soude.
Perte 0,0220
                                                  7,3923

Source des Fièvres.

L'eau de cette source est limpide, transparente, même en grande masse ; elle n'a pas sensiblement d'odeur ; mais pourtant quand on entre dans le bâtiment qui l'abrite, on sent distinctement une légère odeur d'hydrogène sulfuré. Sa saveur est d'une acidité bien prononcée , ensuite salée , et paraît plus forte que celle du Grand-Bain ; ce qui tient probablement à l'absence de la matière organique. Elle laisse dégager beaucoup d'acide carbonique, et les surfaces sur lesquelles elle se répand , sont couvertes de carbonate de fer , dont elle se dépouille presqu'entièrement peu de temps après sa sortie. Sa pesanteur spécifique, comparée à celle de l'eau distillée , est de 1,005 ; sa température moyenne est de 31 1/2 centigrades ; mais il paraît, d'après les observations de M. le docteur Mercier, qu'elle varie un peu selon les saisons , ce qui est vraisemblable , puisqu'elle parcourt un trajet assez long dans le tuf volcanique , après sa sortie du granite. L'analyse d'indication ayant présenté les mêmes phénomènes que la précédente , les eaux furent traitées de la même manière ; elles se comportaient de même avec le mercure et l'argent , sans que les autres réactifs y indiquassent non plus aucune trace de soufre : cependant une pièce d'argent , placée immédiatement sous le jet de la fontaine , noircit au bout de quelque temps, tandis qu'éloignée de 3 pouces seulement de la chute d'eau , elle conserve son éclat pendant plusieurs jours.

Le précipité que l'on obtient par le nitrate d'argent est toujours coloré, et indique aussi la présence d'un hydrosulfate.

Les eaux de cette source diffèrent donc de la précédente par une plus grande proportion d'acide carbonique et de sulfate de soude, par l'absence de l'azote, de la matière animale, et probablement par une plus grande quantité d'hydrosulfate, quoiqu'elle soit encore très-petite..

D'après les expériences faites sur 4,000 gr. d'eau de la Source des Fièvres, 1,000 grammes contiennent en poids :

Acide carbonique libre ....2,8230 on 1¹,47

Évaporés à siccité, les 1,000 grammes donnent un produit net de....... 5,7632

Qui contient :

Hydrochlorate de soude............ 2,7914
Sulfate de soude 1,7766
Carbonate de soude................ 0,9582
Carbonate de magnésie............. 0,0416
Carbonate de chaux................ 0,0139
Silice............................ 0,1121
Alumine........................... 0,0278
Carbonate de fer des traces.
Hydrosulfate de soude des traces.
Perte............................. 0,0416
                                   ———
                                   5,7632

Il est présumable, d'après ces données,

que l'eau doit être composée de la manière suivante :

Acide carbonique libre..............	2,4525
Hydrochlorate de soude.	2,7914
Sulfate de soude	1,7766
Bi-carbonate de soude..............	1,3562
Hydrochlorate de magnésie..........	0,0328
Hydrochlorate de chaux.............	0,0179
Silice..........................	0,1121
Alumine........................	0,0278
Bicarbonate de fer des traces.	
Hydrosulfate de soude des traces.	
Perte..........................	0,0189

8,5862

On voit, par ces analyses, que les eaux de la Bourboule, présentent une composition assez remarquable : elles ont les plus grands rapports avec celles de Saint-Nectaire ; elles ont moins d'analogie avec celles du Mont-Dore ; elles se rapprochent, du reste, de la plupart des eaux minérales de l'Auvergne ; par la grande proportion d'hydrochlorate et de carbonate de soude qu'elles contiennent, et en diffèrent par l'élévation de leur température (au moins celle du Grand-Bain), la proportion des matières salines que laisse leur évaporation, et la matière animale savonneuse qui s'y trouve mélangée.

Si l'on s'en rapportait aux habitans du pays, les eaux de la Bourboule, comme toutes les

eaux minérales, seraient une panacée univer-
selle, à laquelle aucune maladie ne résis-
terait. Il s'en faut de beaucoup qu'il en soit
ainsi ; mais on conçoit que des eaux, dont la
température est très-élevée, qui contiennent
en même temps une forte proportion de sels,
et une matière grasse savonneuse assez abon-
dante, doivent avoir une action bien mar-
quée sur l'économie animale. En effet, M. le
docteur Mercier, ex-inspecteur de ces eaux, a
remarqué qu'en général, l'usage extérieur des
eaux du Grand-Bain et du Bagnassou , impri-
mait une activité extraordinaire à la circula-
tion, agissait en stimulant le système capillaire
de la surface , et, par suite, tous les autres
systèmes, et prod uisait un mode d'excitation
qui a tous les caractères d'une révulsion d'autant plus énergique qu'elle peut s'exercer sur
toute la périphérie du corps. Aussi ces eaux
sont employées avec succès dans les rhumatismes fibreux ou musculaires, dans les vieux
ulcères, les engorgemens articulaires indolens , dans les tumeurs scrophuleuses, et
même dans certaines paralysies , indépen-
dantes de prédispositions apoplectiques. Leur
action sur les maladies cutanées est beaucoup
plus grande qu'on ne pourrait le supposer ,
si l'on n'attribuait cette action qu'à la petite

quantité d'hydrosulfate qu'elles renferment. L'eau de la Fontaine des Fièvres est laxative, et doit en partie cette propriété au sulfate de soude qu'elle contient.

La source tempérée de la Rotonde a la réputation de guérir la chlorose. Cette réputation est confirmée par les observations de M. le docteur Mercier ; mais l'analyse n'y indique qu'une très-petite quantité de carbonate de fer.

Il ne m'appartient pas d'entrer dans de plus grands détails sur les propriétés médicales de ces eaux ; les observations qu'a recueillies M. Mercier, et celles qu'y ajoutera sans doute M. Choussy, inspecteur actuel, serviront à compléter le travail dont je viens de donner une esquisse.

Je terminerai en faisant des vœux pour que le nouveau propriétaire continue les améliorations qu'il a déjà commencées, et pour que l'administration cherche à faciliter, par des chemins commodes, l'accès d'un établissement utile à toutes les classes de la société.

J'ai cru convenable de joindre à cette notice une carte de la Bourboule et de ses environs, afin de donner une idée plus juste de la topographie du pays, des sites pittoresques qu'il présente, et de la position de l'établis-

sement thermal ; considérations qui sont toujours importantes, et qui souvent sont négligées dans l'histoire des eaux minérales.

*(Extrait des Annales scientifiques de l'Au-
vergne. — Juin* 1828. *)*

OBSERVATIONS

DE M. MERCIER, MÉDECIN.

PEUT-ON, d'après les propriétés physiques
et chimiques des eaux thermales de la Bourboule, préjuger une partie de leurs vertus, à
défaut d'observations médicales soigneuse-
ment recueillies? Le médecin consommé dans
cette branche de l'art de guérir, pourrait bien
se prononcer pour l'affirmative ; mais quand
on se souvient que le célèbre Bordeu lui-même
invoquait l'expérience, on pense qu'il est prudent d'attendre qu'elle ait prononcé. Elle l'a
fait depuis des siècles, disent les habitans de
ce village, et chacun, à l'envi, raconte des
prodiges éclatans, des cures merveilleuses dont
il a été le témoin, ou dont il a entendu parler.
Malheureusement ces prodiges et ces cures
sont perdus pour l'histoire de la Bourboule,
et l'ouvrage est à commencer.

En attendant que le temps vienne confirmer les justes espérances qu'ont fait concevoir les propriétés physiques et chimiques ci-dessus énoncées, le propriétaire va planter quelques jalons qui serviront au moins à guider les malades et leurs médecins, dans l'emploi de sources thermales jusqu'ici en quelque sorte négligées, et certainement dignes d'un meilleur sort.

Il se souvient d'ailleurs que M. le docteur Patissier a dit (1) « que toutes les épreuves, que tous les raisonnemens *à priori* ne pouvaient fournir que des conjectures, et qu'en médecine il fallait des vérités. »

Il va donc chercher ces vérités dans des faits dont il garantit l'authenticité, et qu'il présentera sans s'astreindre à aucun ordre nosologique.

PREMIER FAIT.

Rhumatisme musculaire chronique.

M. le docteur M..... avait éprouvé depuis plusieurs années des douleurs rhumatismales qui avaient envahi successivement les muscles de la hanche, puis ceux de la cuisse, et enfin ceux de la jambe du côté droit. Dans les cons-

-----

(1) Manuel des eaux minérales de France, page 22.

titutions humides et dans les changemens de température, ces douleurs devenaient aiguës, entraînaient la sensation d'un froid glacial, la roideur des mouvemens de cette extrémité, sa faiblesse, et enfin un état d'émaciation considérable : les moyens curatifs les mieux indiqués n'ayant procuré aucun soulagement, il fallait recourir aux sources thermales. Le docteur M..... choisit celles de la Bourboule, et s'y fit transporter, le 10 août 1824, dans le courant de sa cinquante-cinquième année.

Trois immersions à 35+° (1), et d'un quart d'heure de durée, rendirent sa position plus fâcheuse que jamais; il ne transpira point.

Les trois suivantes furent de la même durée, et à 37+°; elles furent précédées par trois douches en colonne, promenées sur la surface du membre pendant douze minutes. Il ne se manifesta aucun changement favorable.

La quatrième douche et le septième bain à la même température, firent cesser le froid de l'extrémité comme par enchantement. La peau fut légèrement rubéfiée et la transpiration s'établit.

Le dixième jour, après la douche et le bain,

---

(1) C'est de l'échelle de Réaumur dont il est question. Il en sera de même par la suite.

les sueurs devinrent générales et abondantes.
L'extrémité malade était chaude au toucher,
ses mouvemens étaient moins gênés, les douleurs avaient perdu de leur intensité.

Le douzième jour étant orageux, le docteur M.... ne put supporter la douche, quoique la température en fût la même : il ne put
rester au bain que pendant cinq minutes. Cependant la fièvre qui le suivit fut forte, la
sueur de plus longue durée, avec soif, urines
rares et hautes en couleur, perte d'appétit et
constipation.

Les 13 et 14, le temps étant calme, douche
à 38+°, et promenée sur toute l'extrémité
pendant un quart d'heure, suivie d'un bain à
la même température et de la même durée.
La surface cutanée du membre rhumatisé est
d'un rouge rose qui persista long-temps ; elle
est molle et onctueuse au toucher, presqu'in-
dolente et couverte de sueur. Les mouvemens
sont libres ; il y a beaucoup plus de force.
Toutes les parties molles se sont épanouïes ;
la tension musculaire a disparu. Enfin, le
ventre s'ouvrit spontanément, et les fonctions
commencèrent à s'exécuter dans l'ordre normal.

Les 15 et 16, même douche, même bain,
accompagnés d'un mieux encore plus pro-

n'oncé. Les sueurs ont continué d'être générales et abondantes ; la liberté des mouvemens
dans l'extrémité malade était parfaite ; point
ou peu de souffrance. La force et le volume
ordinaires y revinrent bientôt après, et le docteur M...., sans autre secours que celui de
l'usage de la flanelle, jouit aujourd'hui des
bienfaits des thermes de la Bourboule.

SECOND FAIT.

Rhumatisme fibreux chronique.

Léonard Malval, cultivateur, âgé d'entour
trente ans, avait altéré sa santé par un travail
opiniâtre. Presque continuellement exposé à
l'intempérie des saisons, il avait ressenti de
bonne heure des douleurs rhumatismales plus
ou moins aiguës, tantôt dans une articulation,
tantôt dans l'autre. Le mal s'était enfin fixé
sur l'épaule, le coude, et le poignet du côté
droit, avec engorgement et exaspération au
moindre mouvement. Léonard M..... se rendit à la Bourboule, dans le courant d'août 1825,
et y prit dix bains et autant de douches, sans
beaucoup d'avantage. A la fin de cette année,
il éprouva une péripneumonie dont il guérit
heureusement, mais qui n'apporta aucune
modification favorable à sa situation anté-
rieure.

Au printemps de l'année suivante, les douleurs affectèrent successivement les autres grandes articulations, pour revenir à celles qu'elles avaient auparavant attaquées et abandonnées.

Revenu à la Bourboule, le 24 août 1826, il présenta les phénomènes suivans : teint pâle, *facies* exprimant la souffrance, point de fièvre, appétit ordinaire. L'extrémité thorachique droite faible, amincie entre les articulations, et celles-ci tendues, gonflées, sans changement de couleur à la peau ; leurs mouvemens douloureux et très-bornés.

Pendant les quatre premiers jours du traitement thermal, douche en colonne, promenée sur les surfaces rhumatisées pendant dix minutes ; elle y excite la sensibilité, avec rougeur érysipélateuse de courte durée. Le bain est d'un quart d'heure, et de 38+° : une réaction fébrile et des sueurs générales l'accompagnent.

Du 5 au 8, douche et bain à 39+° ; fièvre artificielle plus forte, et sueurs générales plus copieuses. Le gonflement des articulations diminue ; leurs mouvemens sont plus étendus et moins douloureux.

Du 9 au 12, la même douche et le même bain achèvent de dissiper l'engorgement articulaire. L'appareil fibreux a perdu sa roideur et sa sécheresse ; il y a de l'aisance dans les mouvemens ; mais ni les douches ni les bains n'avaient rétabli la force et le volume du membre dans les intervalles des articulations ; c'était l'affaire du temps, secondé par les secours de l'hygiène.

TROISIÈME FAIT.

Métastase rhumatismale sur l'estomac.

Marguerite Pap...., de la Trémouille, âgée d'entour trente-six ans, arriva à la Bourboule le 20 juillet 1826. Son dernier accouchement long et laborieux lui avait laissé une douleur de reins (lumbago) dont elle avait souffert pendant tout le temps de l'allaitement. Après la cessation de cette fonction, les douleurs prirent tellement d'intensité, que la malade en était courbée, et que la menstruation ne put s'établir. Une année et demie s'était écoulée, lorsque, sans cause connue, il survint une perte utérine, dont l'abondance fit craindre une issue funeste. A la suite de cet accident, le lumbago s'évanouït, et l'estomac fut pris d'une sensibilité si exquise, que les boissons et les substances alimentaires les plus douces étaient rejetées par le vomissement. La décoloration de la peau, la petitesse et la fréquence

du pouls, une constipation opiniâtre, et surtout une maigreur extrême, firent hésiter sur
l'entreprise du traitement thermal. On se
borna donc les trois premiers jours à des demi-
bains d'un quart d'heure les matins, et à 34+°,
et les soirs à des pédiluves de la même durée
et de la même température.

Les 4e et 5e jours, on essaya avant le demi-
bain, et sur les lombes, une douche de cinq
minutes, qui fut supportée sans faiblesse. La
malade ne vomit que deux ou trois fois, et
pouvait digérer des bouillies préparées avec le
lait et la fécule de pomme de terre; elle prenait du petit lait clarifié pour boisson.

Le 6e jour, la douche fut de dix minutes,
et le demi-bain de 35+°. En en sortant, la
malade éprouva des coliques sourdes et des
douleurs lombaires, qui, contre son attente,
furent suivies de l'écoulement menstruel. La
sensibilité épigastrique et les vomissemens
cessent; on continue le régime, et on suspend
la douche et les bains partiels, soit du matin,
soit du soir.

Le 10e, l'écoulement menstruel ayant cessé
spontanément, on reprit la douche sur les
lombes, et les mêmes bains; on en porta la
température à 37+°. La malade transpira
pendant deux heures, ressentit quelques dou-

leurs lombaires, et put prendre, sans incon-
vénient, des alimens légers. Le ventre s'ouvrit;
les 11ᵉ et 12ᵉ, bain général d'un quart d'heure
après la douche ; il est suivi de sueurs abondantes. Les douleurs lombaires continuent ;
les vomissemens ne reparaissent plus ; la peau
se colore ; l'appétit et les forces augmentent.

Les quatre jours suivans, mêmes moyens :
les douleurs lombaires sont à peine senties ;
le pouls est régulier et la peau souple ; l'état
de la malade est amélioré. Elle part le 17ᵉ jour;
on apprit à la fin de septembre suivant que le
mieux s'était soutenu.

Ces observations sont remarquables par les
bons effets des douches et des bains de la
Bourboule, dans des maladies aussi longues
que cruelles. Ces bains et ces douches, con-
venablement administrés, ont doucement sti-
mulé la peau, en même temps qu'ils l'ont
amollie et rendue onctueuse au toucher. Ils
ont favorisé les sécrétions et les excrétions, et
agi comme les révulsifs les plus propres à dé-
placer, à disséminer et à faire disparaître l'irritation morbide des tissus affectés.

QUATRIÈME FAIT.

État scrofuleux général.

Marie Fiancette, âgée d'entour vingt-trois

ans, du lieu de la Courtine, avait long-temps servi en qualité de servante ; elle portait des tumeurs glanduleuses sur diverses parties du corps.

Au mois de janvier 1825, on l'envoya laver dans une eau glacée ; ses règles se supprimèrent, et elle éprouva une maladie aiguë qui imprima de l'activité aux tumeurs scrofuleuses. Quelques-unes devinrent douloureuses, se ramollirent, puis s'abcédèrent ; d'autres prirent de l'accroissement, et de nouvelles parurent aux aisselless et aux seins. L'affection gagna les articulations des membres ; celles-ci se gonflèrent, et bientôt les mouvemens en furent difficiles.

Cette fille fut obligée de quitter ses maîtres vers la fin d'avril suivant, et arriva exténuée chez ses parens. Là, le mal fit de nouveaux progrès ; les mains et les doigts, les pieds et les orteils se gonflèrent ; il s'y forma des ulcères. L'articulation coxo-fémorale gauche se tuméfia prodigieusement, des douleurs s'y manifestèrent, et l'extrémité devint peu à peu plus longue que celle du côté opposé.

Près de quatorze mois s'étaient écoulés dans une position pitoyable, lorsqu'on transporta cette malheureuse à la Bourboule. Elle y arriva le 4 juillet 1826, et présenta les phéno-

mènes suivans : visage bouffi sans expression,
d'un blanc mat, contrastant avec de grosses
lèvres vermeilles ; le pouls ne donnait que
soixante-huit pulsations par minute ; la langueur et l'inertie étaient générales. Des ulcères à bords amincis, détachés, bleuâtres,
donnant un pus sanieux et abondant, cou-
vraient les parties latérales du cou, les régions
claviculaires, les poignets et les doigts, les
pieds et les orteils ; les coudes, les genoux et
le pourtour des malléoles étaient gonflés,
pâteux, blanchâtres, et ne permettaient que
de faibles mouvemens ; l'extrémité inférieure
gauche avait deux pouces de longueur plus
que l'autre, était renversée en dehors et ne
pouvait être ployée. Un engorgement mou,
incolore, indolent et énorme, occupait l'aine
et la moitié supérieure de la cuisse. On ne
finirait pas, si l'on voulait décrire les phénomènes scrofuleux qu'on avait sous les yeux ;
jamais on n'en avait observé d'aussi grands et
d'aussi généralement répandus.

On laissa reposer la malade le lendemain
de son arrivée ; on lui prescrivit une décoction
de gentiane rougie avec le vin, une nourriture fortifiante, autant au moins que ses fa-
cultés pouvaient le permettre.

Le surlendemain 6 du mois, on essaya un

bain entier à 35-+-°, et pendant un quart d'heure. On couvrait les ulcères de compresses trempées dans l'eau thermale de la source, ce que l'on renouvelait à mesure qu'elles se séchaient. La malade avait trouvé l'eau du bain peu chaude ; comme elle ne pouvait s'aider par elle-même, on avait eu beaucoup de peine pour l'y plonger ou pour l'en sortir.

Les 7, 8, 9 et 10, elle fut d'abord douchée pendant dix minutes sur toutes les surfaces de l'articulation coxo-fémorale, menacée de luxation spontanée du fémur. Elle prit ensuite le bain à 37-+-°, et pendant un quart d'heure ; il n'y eut ni réaction fébrile, ni sueur, ni amélioration. Après la sortie du bain, on administra un verre de l'eau thermale puisée à la source, puis un second et un troisième, à demi-heure d'intervalle l'un de l'autre.

Les 11 et 12, douche à 38 degrés et à forte colonne sur toutes les articulations des membres, et particulièrement sur celle dont la luxation spontanée est imminente, puis bain à la même température, et d'un quart d'heure ; légère réaction fébrile, point de sueur ; trois verres de l'eau thermale en boisson, comme les jours précédens. L'appétit se fait sentir ; le ventre est libre ; les ulcères prennent un meilleur aspect ; le pus en est moins sanieux ; la peau paraît moins molle et moins pâle.

Les 13, 14 et 15, douche et bain à 39+°, supportés pendant trente-cinq minutes ; continuation des autres moyens. La réaction fébrile est de demi-heure ; elle est suivie d'une moiteur universellement répandue ; le pouls donne soixante-quinze pulsations dans la journée, et par minute. L'engorgement de l'aine et de la cuisse gauche diminue ; l'extrémité est visiblement moins longue et moins renversée ; les ulcères sont avivés ; la peau qui les circonscrit est moins décolorée ; ses bords ont partout contracté des adhérences.

Jusqu'au 18 on passe à la température 40+°, la plus élevée de l'établissement ; elle est supportée sans peine pendant demi-heure pour la douche ou pour le bain. La malade a pu se mouvoir seule sous la douche ; elle a de l'appétit ; le visage cesse d'être bouffi ; les joues se colorent ; les glandes et les empâtemens articulaires perdent successivement de leur volume. Tous les ulcères ont pris un aspect favorable ; quelques-uns se sont rapétissés ; le pus est moins abondant et de bonne qualité ; l'extrémité allongée se raccourcit, et se redresse de plus en plus ; les sécrétions et les excrétions se font bien; le sommeil est de retour; la peau et la chair se raffermissent.

Les 19 et 20, mêmes moyens. Le gonflement de l'aine et de la cuisse gauche a disparu ; l'extrémité mesurée n'est pas plus longue que celle du côté opposé ; le mieux se soutient.

Mêmes moyens jusqu'au 24. Quelques ulcères marchent vers la cicatrice ; le volume des articulations et des tumeurs scrofuleuses continue de diminuer. La malade peut se soigner sans secours étrangers ; elle se soutient sur ses jambes, n'éprouve aucune souffrance, et part satisfaite le 25.

Elle revint à la Bourboule le 22 août suivant. Alors il ne reste aucune trace de la luxation incomplète du fémur ; la marche s'exécute avec facilité ; la peau est colorée et plus ferme. Plusieurs tumeurs scrofuleuses sont effacées, d'autres ne le sont qu'à moitié ; les glandes sous-maxillaires seules restent fortement engorgées. Les mouvemens des articulations sont libres, quoique quelques-unes, et particulièrement les poignets, soient encore pâteux et tuméfiés. Six ulcères seulement ne sont point cicatrisés ; en général, la constitution est de beaucoup améliorée. Le régime tonique et l'usage des amers n'avaient pas été suspendus.

Après deux jours de douches et de bains à

38+°, Fiancette passa à la température 40+°, dont elle se trouvait bien. Elle suait peu après le bain, et prenait, comme durant le premier séjour, trois verres de la source thermale en boisson. L'appétit était excellent et le sommeil paisible.

Le 3 septembre, il ne reste que deux ulcères à cicatriser. Tous les engorgemens et toutes les tumeurs scrofuleuses ont disparu, excepté au-dessous des angles de la mâchoire inférieure ; enfin, il ne manquait à l'entier rétablissement de la santé que celui d'une fonction importante, la menstruation.

CINQUIÈME FAIT.

Tumeur blanche de l'articulation du genou, de nature scrofuleuse.

Michel Dubet, âgé de dix-sept à dix-huit ans, a les cheveux roux, le teint pâle, le nez et la lèvre supérieure très-volumineux, il est encore impubère. La constitution scrofuleuse se dessine chez lui par les caractères les plus saillans. Depuis sa quatorzième année, le genou gauche a considérablement grossi, avec gêne des mouvemens articulaires et presque sans douleurs ; pendant la quinzième, le mal fit des progrès ; pendant la seizième, la flexion ne s'opérait qu'avec peine ; la montée et la descente étaient extrêmement difficiles. Au commencement de la dix-septième, toute espèce de mouvement était perdu ; le genou paraissait soudé ; il se mouvait tout d'une pièce.

Le malade arrivé à la Bourboule le 4 juillet 1826, ne fut examiné que le 6. Alors le genou présentait une tumeur arrondie, tendue, d'un blanc mat, parsemée de veines bleuâtres, et occupant le pourtour entier de l'articulation. Son volume est de vingt pouces de circonférence, tandis que le genou opposé n'en a qu'onze ; au-dessous, la jambe est dans un état d'émaciation complète.

Les 7 et 8, douche en colonne et bain à 35+°. La première est promenée sur toutes les surfaces de l'articulation malade, durant un quart d'heure ; l'immersion n'est supporportée que cinq ou six minutes ; point d'effet sensible.

Les 9 et 10, douche à 37+° sur la même partie et sur la jambe pendant vingt minutes ; bain de courte durée. La douche a rougi la tumeur, et l'a rendue douloureuse ; un peu de fièvre suivie de transpiration. Après le lever, deux verres de la source des Fièvres passent bien.

Les 11, 12 et 13, mêmes moyens. Après la douche, rougeur intense de la tumeur ; elle paraît ramollie. Le mouvement fébrile qui suit le bain, est fort, persiste une heure, et est accompagné de sueur. Trois verres d'eau de la Fontaine des Fièvres produisent un effet purgatif modéré; soif; peu d'appétit.

Les 14 et 15, douche à 38+°, suivie d'une courte immersion à la même température. La tumeur est rouge, en sortant de l'eau thermale. Mesurée sur le soir, on la trouve diminuée de deux pouces dans sa circonférence; elle permet de légers mouvemens de flexion et d'extension.

Jusqu'au 18, même douche et même bain. Les soirs, bains partiels de l'extrémité jusqu'au-dessus de la tumeur, dont le volume a diminué d'autres deux pouces; la jambe paraît moins grêle; l'état du malade s'améliore; il peut se promener avec le secours d'un bâton. On abandonne l'usage intérieur de la Fontaine des Fièvres, à cause de l'effet purgatif qu'il ne cesse de produire.

Au 21, le gonflement a presqu'entièrement disparu; les mouvemens de l'articulation sont libres; le malade se promène sans bâton; il part le 22 : on a su qu'il n'y avait pas eu de rechute.

Les médecins n'ont cessé de faire des efforts pour combattre les scrofules, maladie désespérante, qui, dans plusieurs pays, passe pour une tache de famille. Parmi les moyens employés figurent les bains de mer et ceux d'eaux thermales et minérales. Celles de la Bourboule jouissent, à cet égard, d'une réputation d'autant mieux fondée, qu'elle repose sur l'expérience, et que l'analyse démontre une analogie frappante entre leurs élémens constitutifs et ceux des eaux de la mer. Elles possèdent de plus le calorique à un haut degré, ce qui doit leur assurer une grande supériorité.

Les faits 4 et 5 qu'on vient de rapporter, et auxquels on pourrait en ajouter beaucoup d'autres, sont des preuves incontestables de leurs bons effets à l'intérieur et surtout à l'extérieur, sous forme de bains et de douches. L'action stimulante de celles-ci ne saurait être méconnue : elles excitent favorablement le système capillaire, réveillent tout à la fois les fonctions exhalantes et absorbantes, et raniment des parties tombées dans une inertie presque absolue. La commotion qu'elles impriment localement se propage de proche en proche à tous les systèmes ; elle est ensuite entretenue ou accrue par les bains partiels ou entiers ; établit une stimulation générale qui, parvenue à un certain degré, constitue la fièvre artificielle que les anciens appelaient médicatrice, et dont on fait, depuis Raymond, de Marseille, de si heureuses applications. De ces perturbations répétées naissent successivement la destruction des congestions, la résolution des engorgemens articulaires et glanduleux atoniques, et peu à peu le rétablissement de l'équilibre, qui, s'il n'est pas la santé parfaite, lui ressemble au moins beaucoup.

SIXIÈME ET SEPTIÈME FAITS.

Maladies cutanées. — 1°. *Gale ancienne.*

Jean Gardème, marchand colporteur, est âgé d'entour trente-six ans. Sa taille n'est pas élevée ; mais sa constitution est robuste, et son tempérament bilioso-sanguin. Il avait depuis long-temps contracté une gale, dont il n'avait jamais pu parvenir à se débarrasser, malgré un grand nombre de remèdes qu'il n'avait cessé d'employer. L'affection psorique renaissait sans cesse avec des démangeaisons importunes : quelques furoncles s'étaient montrés et ouverts sur certaines parties, et on en voyait les traces sur les cuisses et sur les avant-bras. Il y avait de la maigreur, de la sécheresse à la peau ; de gros boutons puriformes étaient répandus çà et là, et autour étaient agglomérés d'autres boutons très-petits, confluens, et à pointe cristalline. Le malade avait été saigné depuis peu ; il commença le traitement thermal le 5 juillet 1826.

D'abord, bain général à 34÷°, et durant vingt-cinq minutes ; après le bain, deux verres d'eau de la Fontaine des Fièvres. Les petites pustules cristallines deviennent de plus en plus confluentes ; la peau perd de sa rigidité et de sa sécheresse ; les démangeaisons sont moins violentes.

Du 11 au 12, bains à la même température et pendant demi-heure ; trois verres d'eau de la source dite des Fièvres. Les gros boutons ont presqu'entièrement diminué ; le nombre des petits a diminué ; peu de démangeaison ; assouplissement de la peau ; transpiration générale ; sommeil paisible ; appétit ; liberté du ventre.

Du 13 au 18, même bain supporté pendant trois quarts d'heure ; continuation de l'eau minérale en boisson ; le prurit a cessé, la peau est souple ; il ne reste que quelques petits boutons aux coudes et entre les doigts : des sueurs copieuses s'établissent après le bain.

. Les 19 et 20, même bain. La peau est souple, molle et onctueuse au toucher ; ses fonctions exhalantes sont entièrement rétablies ; il n'y a plus de boutons, ni aucune sensation de démangeaison : quatre verres de l'eau minérale des Fièvres produisent un effet purgatif abondant, et plusieurs fois répété. Gardème partit le 22. Il passa à la Bourboule un mois et demi après ; il était entièrement guéri, et avait récupéré son embonpoint accoutumé.

4

2°. *Dartre squammeuse humide.*

Claude Lemasson, âgé de soixante-cinq ans, avait long-temps habité Paris, et subi dans cette capitale divers traitémens pour se délivrer d'une dartre squammeuse humide, fixée sur les deux pieds et au tiers inférieur des deux jambes. Les bains de vapeurs de l'hôpital St-Louis n'avaient apporté aucun soulagement. Dévoré par ce terrible exanthème local, le malade revint à Ussel sa patrie, et, sur l'avis d'un médecin distingué de cette ville, se rendit à la Bourboule le 8 août 1826.

Des gerçures profondes sillonnaient les deux pieds, surtout près des orteils et au-dessous des malléoles ; de larges écailles, détachées par un de leurs bords, sont salies par une matière ichoreuse et fétide, qui se renouvelle incessamment. La peau est partout épaisse, dure, et d'un rouge vif ; le prurit est parfois si intense, que le malade est obligé malgré lui de se déchirer sur ces extrémités avec les ongles. Après cette manœuvre, un feu ardent s'y établit, et le réduit à un état voisin du désespoir. On le mit au régime végétal et à l'usage de la décoction de racines de bardane pour boisson ; on lui ordonna un bain entier le matin et un pédiluve le soir, à la température de 34+° ; le bain du matin durait un quart d'heure, et était précédé, pour les deux extrémités, d'une douche à l'arrosoir, à la même température et de la même durée ; de plus, trois verres de l'eau de la source des Fièvres, après être sorti du lit ; un verre de demi-heure en demi-heure.

Il y eut du soulagement dès les premiers jours. Le 6ᵉ, toutes les écailles étaient tombées ; la peau paraissait moins dense et moins âpre ; la rougeur s'éclaircissait çà et là ; les gerçures avaient moins de profondeur, et la démangeaison devenait moins cuisante et plus supportable ; l'eau de la source des Fièvres entretenait la liberté du ventre, passait bien, et ranimait l'appétit.

Le 12ᵉ jour, la rougeur et la densité de la peau, les gerçures, les écailles, les exhalations ichoreuses et fétides, le prurit, etc., tout avait disparu. Le malheureux Lemasson, qui avait souffert depuis dix ans, se retira satisfait, et en témoignant hautement sa reconnaissance pour le bienfait inespéré qu'il venait de recevoir.

Dans les deux observations précédentes, les bains de la Bourboule, dès les premiers jours de leur usage, ont adouci et assoupli la peau, en même temps qu'ils l'ont nettoyée et lubrifiée à la manière des savons. Ils ont calmé l'irritation dont elle était le siége, et modifié ses propriétés vitales, en les ramenant successivement à leur type normal. Un effet si précieux, dans le traitement des exanthèmes, ne peut être dû qu'à leur qualité éminemment onctueuse, et cette qualité elle-même dépend de la matière végéto-animale qui y est dissoute en grande proportion, et qui les distingue des autres thermes des environs.

Il serait facile de donner un plus grand nombre d'observations, et surtout d'ajouter des exemples de guérison de diverses paralysie ; mais on en est en quelque sorte dispensé par le juste tribut d'éloges que le savant inspecteur des eaux du Mont-d'Or s'est plu à payer à celles de la Bourboule. La justice qu'il rend à celles-ci fait le plus grand honneur à la loyauté de son caractère. Il convient, en effet, qu'elles ont réussi (1) « dans des para-» lysies où celles du Mont - d'Or avaient » échoué. » Il ne doute pas que leur haute température et les sels à base alcaline qu'elles contiennent en grande proportion , « n'en » fassent un puissant remède contre les rhu-» matismes, les engorgemens articulaires in-» dolens, les abcès par congestion, les ulcères » scrofuleux, et en général, contre les affec-« tions atoniques extérieures, dont la cause

---

(1) M le docteur Bertrand. Recherches sur les propriétés physiques, etc., des eaux du Mont-d'Or, p. 493 et suiv.; 2ᵉ édition.

» ne réside pas dans le cerveau ou ses dépen-
» dances. »

SOURCE TEMPÉRÉE DE LA ROTONDE.

PROPRIÉTÉS MÉDICINALES UTILES DANS LES CAS DE CATARRHE UTÉRIN PAR ATONIE.

Observations,

Anne et Antoinette Gai, de Larodde, la première âgée de dix-sept ans, et la seconde de vingt-un, n'avaient jamais été menstruées. Toutes deux se plaignaient de douleurs gravatives aux lombes et aux cuisses; leur teint était pâle; elles avaient les lèvres décolorées, et une répugnance invincible pour les alimens ordinaires; les substances acides et salées flattaient leur goût; une langueur inconcevable les consumait, et avait été augmentée par les applications de sangsues qui leur avaient été ordonnées; un écoulement de fleurs blanches les inondait incessamment.

Des pédiluves à 32+° dans l'eau thermale, firent gonfler ces extrémités; il fallut y renoncer. La douche en colonne sur les lombes, à la même température, était suivie d'écoulement leucorrhéique plus abondant, et de syncope; on fut aussi obligé de l'abandonner, et on prescrivit tous les jours, le matin, à jeun, trois verres des eaux tempérées de la Rotonde, un verre de demi-heure en demi-heure; régime fortifiant, autant que possible; vin généreux aux repas.

Dès le 5ᵉ jour de l'usage de ces eaux, la nonchalance était moindre, l'appétit meilleur, et l'écoulement utérin moins abondant; les promenades pouvaient se faire plus long-temps et avec moins de fatigue.

Le 10ᵉ jour, sous l'influence du même moyen, pris aux mêmes doses, du même régime et des promenades, ces filles ne souffraient plus aux lombes ni aux cuisses. Les fonctions digestives s'étaient encore améliorées; la morosité avait fait place à la gaieté; le *facies* avait pris de l'expression; les lèvres et les joues s'étaient colorées.

Le 12, Antoinette vit paraître ses menstrues, et Anne, le 14. Elles partirent l'une et l'autre le 16, dans un état satisfaisant.

Anne Arfeuil, du même pays, et âgée de dix-huit ans, se trouvait à peu près dans la même position. Elle suivit le même traitement; mais le succès fut moins complet, la menstruation ne parut pas.

Gabrielle Dauphin, du canton de Tauves, âgée de vingt-trois ans, d'une constitution délicate, avait des appétits bizarres. Un catarrhe utérin abondant, continuel et blanchâtre, minait sa santé ; son visage était bouffi et décoloré ; ses jambes étaient œdématiées.

Les bains et les douches qu'elle avait pris de son propre mouvement pendant quatre jours, lui furent nuisibles, puisqu'ils augmentèrent la faiblesse et l'œdématie : on les lui fit supprimer.

On y substitua les eaux tempérées de la Rotonde, à la dose de trois, puis de quatre verres, le matin à jeun, un verre de demi-heure en demi-heure, avec les promenades, le régime, et les autres précautions requises.

Dès le 10° jour de l'usage de ces eaux, l'écoulement utérin était presque nul ; la bouffissure du visage et l'œdématie des jambes avaient disparu ; l'appétit et les forces allaient bien.

Le 13°, les règles parurent ; le 14°, elles furent abondantes, et le 15°, Gabrielle D.... partit avec toutes les apparences d'une santé rétablie.

S'il fallait s'en rapporter au témoignage de quelques habitans de la Bourboule, beaucoup de personnes de l'un et de l'autre sexe, atteintes de dyssenterie chronique, de diarrhée ancienne et rebelle, auraient été guéries en buvant les eaux de cette source. Il ne convient pas d'opposer à ces allégations un scepticisme injuste ; mais il est prudent d'attendre les résultats plus certains de l'expérience.

Observations particulières.

M. Col, propriétaire à Bord, département de la Corrèze, voulant exprimer sa reconnaissance aux eaux de la Bourboule, s'exprime ainsi dans une lettre :

« Je désire ne plus être étranger à la réputation des eaux thermales de la Bourboule ; mon enfant et moi leur avons trop d'obligation.

» J'avais une fracture commutative dans l'articulation du coude gauche, dont les suites avaient déterminé deux ankiloses, l'une au coude et l'autre à l'épaule.

» Mon bras était dans une immobilité entière ; huit douches l'ont débarrassé de ses attaches. Je commence à m'en servir, et j'aime à espérer une parfaite guérison.

» Mon fils, âgé de huit ans, avait pris en nourrice une dartre miliaire ou boutonnée, qui avait résisté à tous les remèdes de la médecine ; après huit bains tout avait disparu, et il est entièrement guéri.

» C'est un hommage de reconnaissance que nous devons à ces eaux. »

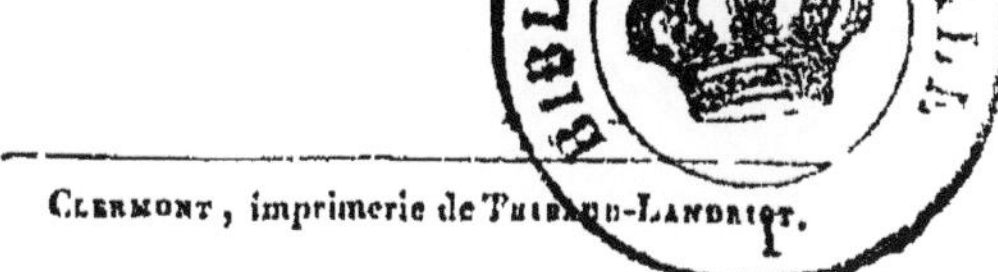

CLERMONT, imprimerie de THIBAUD-LANDRIOT.

CARTE DES ENVIRONS DES BAINS DE LA BOURBOULE.

Dressée et lithographiée par Théodore Fix, Ingénieur Géomètre.

Murat

Dordogne

M.on de la Vernière

Nord

Cascade de la Vernière

LA BOURBOULE

Route Romaine

Chemin de Voiture de Tauves à la Tour d'Auvergne

Salle des Bains

A   Source
B   Baignoires
C   Pompe
D   Douches
E   Conduits
F   Robinets
G   Soupapes

Objets Remarquables.

Ancienne route Romaine
Roche Vendeix
Eau Salée
Cascade de la Vernière
Pierre Branlante
Ruisseaux de la Plaine Chavorèche.

Echelle de 1000 Mètres

Lith. de Thibaud-Landriot

www.ingramcontent.com/pod-product-compliance
Ingram Content Group UK Ltd.
Pitfield, Milton Keynes, MK11 3LW, UK
UKHW020950120726
13693UKWH00004B/1650